赢的掌控术

如何做一个真正的赢家

〔韩〕李太赫◎著　　邢心秀◎译

北京理工大学出版社

BEIJING INSTITUTE OF TECHNOLOGY PRESS

图书在版编目（CIP）数据

赢的掌控术：如何做一个真正的赢家 /（韩）李太赫著；邢心秀译. — 北京：北京理工大学出版社，2016.3

ISBN 978-7-5682-1774-3

Ⅰ.①赢… Ⅱ.①李… ②邢… Ⅲ.①心理交往—通俗读物 Ⅳ.①C912.1-49

中国版本图书馆CIP数据核字（2016）第011406号

"지면서 이기는 관계술" by Tae Hyuk, Lee

Copyright © 2013 WISDOMHOUSE PUBLISHING CO., LTD.

All rights reserved.

Original Korean edition published by WISDOMHOUSE PUBLISHING CO., LTD.

The Simplified Chinese Language edition © 2016 Beijing read product joint culture media Co.,Ltd.

The Simplified Chinese translation rights arranged with WISDOMHOUSE PUBLISHING CO., LTD. through EntersKorea Co., Ltd., Seoul, Korea.

著作权合同登记号 图字：01-2015-5907

出版发行 / 北京理工大学出版社有限责任公司

社　　址 / 北京市海淀区中关村南大街 5 号

邮　　编 / 100081

电　　话 / (010) 68914775（总编室）

　　　　　(010) 82562903（教材售后服务热线）

　　　　　(010) 68948351（其他图书服务热线）

网　　址 / http://www.bitpress.com.cn

经　　销 / 全国各地新华书店

印　　刷 / 三河市九洲财鑫印刷有限公司

开　　本 / 700 毫米 × 1000 毫米　　1/16

印　　张 / 13.5

字　　数 / 150千字

版　　次 / 2016 年 3 月第 1 版　　2016 年 3 月第 1 次印刷

定　　价 / 30.00元

责任编辑 / 刘永兵

文案编辑 / 刘永兵

责任校对 / 周瑞红

责任印制 / 边心超

做一个真正的赢家

提到CEO(总裁)时，你会想起谁？也许很多人会想起史蒂夫·乔布斯。虽然他在不久前已离开人世，但我想如果他还活着，史蒂夫·乔布斯这个名字肯定还会频频出现在大众媒体上。可是，你尊敬史蒂夫·乔布斯吗？

我也认为乔布斯是个很了不起的人物，但我并不尊敬他。从人际关系这个层面来看，乔布斯是个有些呆板、怪气、独断专行的"光杆司令"。他可以为了自己开心什么都不顾。我尊崇的CEO另有其人——他是关系达人。他从任职CEO起就打破公司的规章制度：上班穿兔子服；午饭时间穿着猫王埃尔维斯·普雷斯利的衣服在下属面前晃悠；参加董事会时穿牛仔裤；骑摩托车出现在员工演讲会上。

更让人无奈的是，他不顾自己是公司CEO的身份，不赞成传统的"顾客是上帝"的观点，大力宣扬"员工是上帝，顾客第二"。因为他觉得只有对员工好，顾客才能受到好待遇。他是那么爱自己的员工，以至于某天员工集体给他写了一封感谢信：

　　他能记得住我们每个人的名字，感恩节亲自给我们送礼物。他不是以老板的身份而是作为朋友与我们相处。我们 16 000 名员工向他表示衷心的感谢。

　　他是否真的能记得住 16 000 名员工的名字，我们无从知晓。如果事实真的如此，那他的记性真是太好了。他作为一名 CEO，当收到员工们如此用心制作的感谢信时会是什么感受？不对，在讨论这个问题之前，也许我们应该先想一下，到底是什么样的 CEO 才能受到如此待遇？

　　估计说到这儿，已经有人猜出他是谁了。在说出他的名字之前，我还是想再多介绍一下他。这位 CEO 的经营成果如何？不会只是个受员工欢迎的"花瓶"吧？让我们来看一下数据吧。他的经营成果可以说达到了惊人的程度："30 年平均市盈率第一位""46 个季度（11 年零 6 个月）连续盈余""世界第二大最受尊敬的企业""从未有过劳资纠纷的企业""每月平均收到 3 500 封顾客感谢信的企业"。他，就是赫伯特·凯勒赫（Herbert D.Kelleher），美国西南航空公司的董事长、总裁兼首席执行官。

　　我之所以提到赫伯特·凯勒赫，是因为这本书中谈论的内容是关于人际关系的各种要素，而他正是领会这些要素并将其付诸实践的代表人物。如果你是因为对我这个号称"胜负大师"的人好奇，打开这本书是为了弄清楚"这人到底是怎么赢的呢"，我劝你还是趁早把这本书合起来吧。在人际关系中，没有所谓的输赢。如果非要用"赢"这个词，那应该是"双赢"。

这就是人际交往的核心所在。

那么，应该怎样做才能形成一种双赢的关系呢？有三个与此相关的核心要素贯穿本书。这三个要素便是同感、关怀和分享。也许你会觉得这三个词很常见，看上去太平常。但事实上，越是明显的东西我们反倒越容易忘记，在决定成败的关系中尤其如此。人们一旦开始对决，就只会关注输赢本身，而不会想输赢以后的事。即使是很小的对决，也像是展开了一场从态度顽劣的坏人手中救出人质的反恐战斗一样。也许你身边偶尔会有这种人：跟小侄子玩弹珠游戏赢了以后高兴得连蹦带跳的叔叔，跟下属玩牌赢了钱以后开心得欢呼雀跃的上司……他们都是这种人。可是，分出输赢后，孩子和下属员工的心情会怎么样？

我在这本书中讲的并不是单纯为了打赢的战术。如果想在具体的事情上获取主导权，那么从在这件事情中取得胜利的人身上学到相应的技巧就可以了。我想说的不是"事情"，而是"关系"。在关系中，几乎没有只通过几次胜利就决定输赢的情况。人生的输赢还在继续，赢家随时都可能发生变化。

这本书还讲到了真正的赢家对输赢所持的态度。如果态度正确，自然就会取胜。那么，真正的赢家到底应该采取何种态度呢？大体分为三种。

第一种是同感。真正的赢家会一直站在对方的立场上考虑问题，而不是以自我为中心。他会思考对方的优势和弱点是什么，对方需要什么、不需要什么。他会以对方的长处和短处为中心，重新对自己的优势和劣势进行评估。他很清楚如果满足了对方的一部分需求，自己的需求也会得到满足。前面我们提到过的赫伯特·凯勒赫，他以员工为中心，一直在不断地思考员工喜欢什么、不喜欢什么、有什么困难、怎么样会开心。所以，他比员工自己还了解他们，员工们也就对他心生尊敬，自发地追随他了。

第二种是关怀。所谓关怀是指从精神和物质上给予对方帮助和照顾。让我们再看一下赫伯特·凯勒赫的例子。航空公司员工们觉得最困难的是什么？是应酬顾客。几乎所有公司的CEO都会对员工们强调"顾客是上帝"，如果随便跟"上帝"顶嘴或不听从"上帝"的命令，难免会受到批评，甚至被解雇。但是，赫伯特·凯勒赫推翻了这一传统的观点。他说顾客不是上帝，员工才是上帝。他当时是这么说的：

"'顾客总是对的'这句话一直被企业当宗教信仰一样信奉着。我认为这句话是完全错误的。面对那些在飞机上大吼大叫、蛮不讲理地为难员工的不良顾客，我们应该勇敢地拒绝他们！"

从此以后，员工们对顾客的服务反倒越来越好了。这难道不是关怀的感染力吗？

第三种是分享。真正的赢家既不会独占也不会多占胜利果实。他们会跟别人一起分享共同收获的胜利果实，就连自己单独赢得的胜利果实，他们也不会认为只是自己一个人的成果。因为在他们看来，这个世界上没有什么是可以自己创造出来的，无时无刻不需要别人的引导、支持和帮助。赫伯特·凯勒赫领导的西南航空公司劳动强度大，但员工的工资并不高。即便如此，员工却对公司极为忠诚，劳资纠纷一次都没发生过。这是为什么呢？西南航空虽然是一个低价航空公司，收益不大，但是，公司很清楚，对于员工们来说，最悲惨的莫过于因企业经营不善而失业，所以，不管发生什么情况，公司从未进行过结构调整。即使当航空公司因"9·11"恐怖袭击事件不景气时，当大企业都因为世界金融危机岌岌可危时，西南航空公司也没有抛弃任何一名员工。

真正的赢家追求的是共赢。要做到这一点，首先必须把"自我"丢掉。同感、关怀和分享都不是以"自我"为中心，而是以"对方"为中心。我真心希望每一位读者都能成为一名真正的赢家。

李太赫

◎ 目 录

第三章　弃小保大

第四章　互利共赢

第一章

赢取主导权

01

想象获胜

　　吉米正坐在客厅看录像。录像中，包括吉米在内的四个男子在打扑克牌。不知从何时起，吉米开始注意其他三个男子的表情。一个男子摸到好牌时微笑，摸到差牌时立马皱眉头。另外一个男子则与之相反，摸到好牌时皱眉头，摸到差牌时微笑。还有一个男子的表情没有任何规律，让人琢磨不透他到底摸到了什么样的牌。

　　包括吉米在内的三个人的表情都有一定的规律，但却很难从剩下的那个男子脸上读出规律。他好像是在皱眉头，又好像是在微笑，多种表情巧妙地结合在一起，呈现在脸上，让人猜不透他到底摸到了什么牌。他脸上分明是有表情的，可总让人感觉那是一张毫无表情的脸。最后，钱都被他赢走了，好像是他那稀奇古怪的表情为他赢取了胜利。他的那个表情不单单掩盖了他的心理状态，还让别人猜不透他的牌，因此取得了胜利。

　　吉米看着录像中那个男子的脸，不断地回想他的表情，并对着镜子模仿。可不知道哪儿不对，总觉得很难学。吉米没有放弃，他一直不断地模仿那个男子像是在笑又像是在皱眉的表情，做别的事情时也会在脑中回想。慢慢地，他觉得自己的表情跟那个稀奇古怪的表情越来越像。

当吉米觉得练得差不多了的时候，就叫来了朋友马克。

"马克，你帮我看看我的表情跟这个男子的是不是一模一样？"

吉米先让马克看了录像中男子的表情，然后让马克坐在自己对面。吉米回想着那个男子的表情，试图做出与之相同的表情。马克对吉米的表情一个劲地摇头。相似是相似，但不是一模一样。吉米集中精力想象了那个表情之后，再一次尝试做出那个表情。在试了好几十遍之后，就在某一瞬间，马克突然叫起来：

"就是这个表情！真的一模一样！"

吉米熟悉了这个表情后怎么样了呢？他成了世界扑克牌奖金第三名得主，并在1996年世界对牌大赛中夺冠。在发表获奖感言时，他说：

"要想得冠军就要跟冠军学。如果想让别人猜不透自己的表情，就要跟着能做到这一点的人学。不过，这不是一件简单的事情，需要时时刻刻在脑海中回想那个古怪的表情。"

这个故事中的吉米正是电视剧《洛城生死恋》的主人公原型车敏洙（Jimmy Cha），而他所说的"在脑海中回想那个古怪的表情"正是"内心演练（Mental Rehearsal）"。心理学术语"内心演练"是一种想象训练。比方说，练习某种运动技巧的时候，身体不动，只通过想象练习。

看过电影《黑客帝国》的人应该更容易理解"内心演练"。主人公尼奥只通过几分钟的想象训练就成了能对抗一群坏蛋的武术达人。虽然听上去有些荒诞，但这绝不仅仅是电影的虚构，因为在运动中已经证实了想象训练的效果。

澳大利亚的艾伦·理查森做了与之相关的实验。首先，他将篮球选手分为三组。第一组选手每天练习 20 分钟投球，第二组每天练习想象 20 分钟投球，第三组什么练习都不做。三周后，艾伦对这三组选手进行投球能力测试，结果很令人意外。未做任何练习的第三组选手的投球能力没有任何改善，这是理所当然的。但是，让人意想不到的是只通过想象练习的第二组选手和真正练习的第一组选手的投球能力提高的水平基本相同。

之所以出现这样的结果，原因正在于人的大脑。因为仅通过大脑想象运动跟实际身体运动一样，都会引起大脑神经反应。这也正是如今运动界在使用通过想象进行训练的原因。网球明星克里斯·埃弗特说自己很享受通过想象进行练习。"高尔夫皇帝"杰克·尼克劳斯也通过想象训练练习高尔夫，训练的效果在比赛中得到了证实。他在采访中也承认了想象训练的事实。曾有一名记者问他：

"在推杆前，您在想什么？"

杰克·尼克劳斯是这样回答的：

"我先在脑海中画了一下推杆的路线，然后想象球沿着路线滚动的样子和球进球洞时的场景。随后，进入球洞的球再次沿着推杆线飞出来，停在了推杆前。"

在主导权争夺中，内心演练也是一种很好的训练方式。让我们一起来看一下这是为什么吧。

在主导权争夺中处于弱势的人都有一个通病，那就是缺乏信心，跟对方对立时会感觉不舒服，害怕对方。这种弱点很难改变。要想在主导权争夺中快速提高免疫力就需要实战经验，而他们又总是坚持不到实战阶段，大部分都半途而废了。所以说，问题就出在实战阶段上。要想不通过实战阶段提高免疫力，就得进行内心演练。

试着把自己想象成一个能自如应对各种争夺战的主导权之神吧。桌子中间有咖啡，你和对方展开了一场对决。对方的年龄有多大？20 岁，30 岁，还是 40 岁？是男是女？职位跟你差不多，还是比你高？像这样在脑海中勾画出对方的基本信息后，就要开始对话了。想象一下对方会说什么，你作为主导权之神又该如何应对。对你的回答，对方做出了什么反应？是在倾听你的话，还是点头对你的话表示肯定？现在，双方开始交流了，这时候你的表情如何？你还能像一个真正的主导权之神一样威风凛凛、悠然自得吗？

在这一系列的过程中，其实你是在通过内心演练把自己想象成了主导权之神。这时候，你应该假定演练给你带来了主导权，而且你应该弄清楚要抓住主导权的理由和目标，并进行练习。

随着练习，你会慢慢变身为主导权之神，这就是内心演练所达到的"伪药效果"。"伪药效果"又被称为"安慰剂效果"（Placebo Effect），指的是医生给患者吃的是假药却骗病人是真药时得到的效果。即使患者吃的是假药，也会期待病能因为药物治疗而康复，最终因为这种信任，病真的好了。在第二次世界大战中，药物不足时，医生给很多士兵吃假药并告诉他们那是真药，而很多士兵因为怀有对药效的期待心理，最后病真的好了。

像这样，把假药当真药，并因为这份信任康复，就像反复内心演练时想象变成了现实一样。虽然仅仅是在想象中占据了主导权，可是胜利的感觉还留在心里。这种感觉会在实战中通过掌握主导权的自信心表现出来，即自己相信自己已经掌握过很多次主导权了。

随着科学的发展，内心演练变得越来越容易，效果也越来越明显。电影《黑客帝国》出现过这样一个场景：主人公尼奥的大脑连接着电脑程序，他通过想象练习技能。科学家们预言，在不久的将来，大脑会具备更多的能力，就像《黑客帝国》中一样。

美国波士顿大学和日本京都 ATR 计算机神经科学研究所联合研究组利用功能性自体共鸣录像装置验证了视觉皮层吸收知识的过程。知识被吸收到视觉皮层的过程被称为"解码神经反馈"（Decoded Neuro feedback 或 DecNef），刺激视觉皮层改变大脑活动的模式变成可能。比方说，让杂技演员想象杂耍，并将此时出现的大脑活动模式储藏在机能性自体共鸣录像装置中，通过机器将杂技演员的大脑活动模式传输到别人的大脑里，接收活动模式的人的杂技能力就会提高。

如果这项技术变成现实，那么上面提到的杂技技术、《黑客帝国》中出现的尼奥神力，当然还包括诸如足球、棒球等运动员的实力也能通过机能性自体共鸣录像装置得到提高。像尼奥一样在几分钟内变成武术达人，或不需要长时间训练就能变成一名优秀的足球运动员也不是不可能的事情。

所有的练习最终都是在大脑中完成的。即使一天努力练习几千次击球，如果练习的时候什么都不思考的话，实力也不会得到提高。相反，即使只练习 10 次，而在脑海中想象比自己强的击球选手挥动球杆的动作，效果也会比前者好很多。可以说，不管是多么复杂的事情，将比自己强的人的秘诀印在脑海里并加以创造才是成功的捷径。

主导权的争夺也是如此。试着在脑海中想象一下成为主导权之神的自己吧！内心演练成百上千次争夺主导权吧！以后你就再也不会害怕面对主导权争夺的实战了。

02
摆脱"陪伴依赖型"性格和"坐垫型"性格

我的签约税务师是一位脸蛋可爱、身材优雅、30 岁出头的未婚女性。姣好的外貌加上安定的工作，作为结婚对象可谓是无可挑剔的。可是，她却总是因为男人问题而苦恼。某天深夜，她给我打来电话。

"你现在在干什么？能跟我一起喝杯酒吗？"

我跟她私下里也算是有点交情，以前也曾一起喝过几次酒，可是那天已经将近午夜时分，时间太晚了，再加上我确实已经累了，便跟她说今天不方便，改天再喝。说完想要挂电话的那一刹那，电话那头传来她深深的叹气声。就在那一瞬间我感觉到她遇到了难事，心里很难受。我没法装作什么都没察觉就挂掉电话，于是暂时转换话题，跟她聊起了个人的事。我们很自然地聊着天，过了一会儿，她便说出了自己的苦恼。苦恼跟她的前男友有关。她忘不了前男友，所以就去请求他重新交往，最终遭到了拒绝。遭到拒绝后，她特别沮丧。鉴于此，我在午夜跟她谈了很久。

不管是长相还是职业，甚至包括性格……她在任何一方面都不差，可她为什么会因为男人问题伤脑筋呢？有一次，她借给一个税务管理客户200万韩元，最后也没收回来。对方是一个在江南地区开小店的30岁未婚男子。男子开店没多久，由于经验不足需要向她咨询一些行政方面的问题，于是两个人经常见面，自然而然地一起吃饭喝茶的时间也多了起来。一来二往，她就慢慢地向他敞开了心扉。男子察觉到她的心思后，面对自己资金状况恶化的现实，向她借了200万韩元就逃之夭夭了。

　　熟人都说她太不懂人情世故，难免让人担心。不出所料，因为内心的幼稚和善良，她无法保护自己的利益，经常受到伤害。分析她的情况，我想她应该是得了"陪伴依赖症（Co-Dependence）"。

　　心理学家把中毒现象分为两大种。第一种是烟、毒品、酒之类的"物质中毒"，第二种是事情或人、性之类的"关系中毒"，其中尤其是对人的中毒又被称为"陪伴依赖症"。以安·威尔逊·史考夫（Ann Wilson Schaef）为代表的心理学家从1980年开始对陪伴依赖症进行研究，研究结果如下：

- 我的感受不重要，同伴的感受才重要。
- 同伴的需求就是我的需求。
- 解决同伴的痛苦就是我的人生目标，我甘愿为此付出任何代价。
- 评判我幸福指数的标准是同伴对我的认可度。
- 只要没亲眼看到就对同伴持绝对信任的态度。
- 不管同伴犯了什么错都不会冲他发火。

●憧憬电影里命运坎坷的女人。

如果你有上述症状，就应该从现在开始调整状态，努力从陪伴依赖症中摆脱出来。只有这样，以后才能跟新相处的人保持正常的关系。但是，想改变跟现在相处的人的关系是很困难的。为什么呢？因为对方已经把你当成了一个"好欺负的人"。说好听点，对他来说你是一个如同长腿叔叔一样让他觉得没有负担的人；说难听点，对他来说你是一个他可以肆无忌惮地提任何要求的对象。那么，对方是按照什么标准把你当成好欺负的一类人呢？

人习惯凭借自己的本能对过去的经验进行分类，心理学称之为"集团化法则（Laws of Grouping）"。它的意思是说把各种构成要素绑在一起作为一个整体来感受。集团化法则适用于按照只属于个人的标准对别人进行分类。比方说，那个骗了税务师钱跑掉的男子，以后当他遇到跟那个税务师相似的人时，基于以前的经验，就会把对方放入"好欺负的人"一类中。即他有一套自己的标准来区分好欺负的一类人。因为这个判断基准不是表面现象，而是以经验为依据，所以一旦形成很难改变。也就是说，你跟那些已经把你当成好欺负一类的人的关系就很难改变了。

因为陪伴依赖症和集团化法则变成好欺负的人的例子数不胜数。比方说，组里明明有老小，可每次都是洪代理去跑腿买咖啡；明明老大正植的经济条件较好，可每次都是二儿子正浩包揽所有的费用和事务；金科长即使惹了大麻烦也能敷衍过去，可朴科长就算犯了小错也得挨部门经理骂；

郑上等兵只负责简单的事情，可吴兵长①却要负责又难又累的事情。他们的共同点都是因为陪伴依赖症而受制于别人，通过集团化法则被别人当成了好欺负的人。

他们之所以被贴上"好欺负"的标签还有另外一个原因，很可能是患了"自我丧失综合征"。在成长期自身力量薄弱的人，倾向于无条件追随别人的思想和行动，没有自己的主见。他们基本都没什么野心，态度也趋于松散，即使对方提出了不合理的观点或要求，也不会反驳，不会正确表现自己的意志。对方看到这种情况后，会觉得他是一个自尊心很弱的人，不管怎么欺负他都行。

与此相反，也有人会因为误会而被别人当作好欺负的对象。"如果我拒绝了他的请求，他心里会不会觉得很受伤害？""要是他跟我的关系变得尴尬可怎么办？"几乎所有人在处理人际关系时都有过诸如此类的想法。但是，一旦把这种心理表现出来，对方就会误以为你是一个诚惶诚恐的弱者。

待人亲切也是同样的道理。待人亲切应该分情况，如果不论任何情况都对别人亲切，对方不会想着应该报答你的亲切，而是会在不知不觉间觉得那种亲切是理所应当的。心理学中提出的非人化（Dehumanization）现象就是说的这种情况。当对方把你判定成了弱者时，不仅降低了你的人格，同时他对你的尊重也会随之减少。

虽然不是所有的人都如此，但是如果一个人对别人无条件亲切的话，

---

① 兵长，韩国士兵职衔之一，位于上等兵之上，下士之下。

别人就会觉得他好欺负。因为这种印象一旦形成就很难改变，所以在刚开始相处时，不要露出把柄让别人觉得自己是好欺负的人，这很重要。

有陪伴依赖症的人很容易被别人认为是好欺负，与之相似的另一种类型是"坐垫型人"。何谓"坐垫型人"？让我们通过下面的例子一起来了解一下。

丙秀是一名私人教练，在郊区的一个小室内高尔夫球场工作。他待人接物总是活泼亲切，动力十足。高尔夫练习场虽然小，但也有很多会员。由于他这种和气厚道的性格，会员们都觉得跟丙秀相处本身就很开心，有时候他们来不是为了练高尔夫球，而是缠着丙秀下象棋或下围棋，甚至晚上打电话喊丙秀一起喝酒。有时候丙秀不想去，可他怕会员数量减少，所以都一一答应下来，不敢拒绝对方的请求。可奇怪的是虽然付出了很多，他的收入却慢慢减少了。这到底是为什么呢？问题就在于会员们对丙秀的看法和态度。从跟丙秀变得亲近开始，他们就觉得丙秀帮助自己进行短时间的姿势矫正或辅导都是理所应当的服务。会员期限已满的人也不重新注册，来到高尔夫球场后找丙秀求情，享受免费辅导，甚至还带非会员朋友去免费享受辅导。他们知道丙秀不会拒绝别人，于是把他当成了yes man（"没问题"先生）或不管什么时候请求帮助都可以的 any call（呼必应），即好欺负的人。当然了，说不定丙秀本身就是那种把自己放在低于对方的位置后觉得很安心的人。

像丙秀一样不管遇到什么情况都会回答"Yes"，让对方越来越嚣张，即便如此，自己也愿意当别人铺在屁股下面的坐垫的人，被称为"坐垫型人"。这种坐垫型人不管是在人际关系中还是在商务关系中，都会表现出致命的弱点。因为他们不仅贬低了自己，与此同时还降低了自己原有的技术价值或内在价值。如果有形文化遗产瓷器名人做事情像丙秀一样的话，与瓷器名人建立人际关系的对方过不了多久就会觉得瓷器技术这类东西没什么了不起的。

上面所解释的陷入陪伴依赖症的人和坐垫型人，都是因为心理缺陷把人际关系弄得一团糟。他们如果想建立正常的人际关系，首先应该努力爱自己。另外，如果想得到别人的尊重和爱，首先应该懂得尊重自己、关爱自己。虽然道路中的单向行驶能起到缓解交通拥堵的作用，但是人际关系中的单向行驶却会造成沟通堵塞。不要只想着付出，还应该懂得索取。关系不是只靠自己就能维持下去的。不要忘了，当付出和回报平衡时，关系才能变得更加紧密、深厚。

03

展示自己未来的样子

某天跟熟人一起喝酒，熟人的弟弟也在场，他弟弟一边喝酒一边感叹自己的身世。

"看看人家都有个好父母，事业蒸蒸日上，咱们的父母到底都干什么了！"

听了弟弟的话，性格温顺的熟人默默无语，我实在是看不下去了，就站出来说："那你活到现在，什么时候做成一件事情让父母为你自豪过？哪怕一次也好。"

他弟弟不知道该如何回答我的话，满脸的不高兴，气氛尴尬极了。像他弟弟一样事业发展缓慢的人有一个共同点：都认为只有事先具备了某种条件才能尝试做某种事情。不得不说，持有这种想法的人，还没能从幼儿期的状态中摆脱出来。漫无目的地等待别人为自己提供条件是不可取的。如果想得到对方的帮助，得到对方的心，就应该用自己的力量让对方看到自己能取得某种成功。如果因为不具备条件而事先放弃，不做任何尝试，不付出任何努力，什么都不去做的话，最终不会得到任何人的帮助。

那些事业成功的人都说刚开始做生意的两三年间没有人帮助自己，那时候特别不容易。可是坚持了两三年后，事业站住了脚，周围开始慢慢出现了帮助自己的人。原因是投资者都希望把自己的风险最小化，不会急急忙忙投资，所以在刚开始的两三年间，投资者会观察对方到底有没有毅力把事业做下去，有没有做生意的能力。当看到对方即使是在不平等的情况和艰难的条件下也会竭尽全力坚持下去时，投资者才会开始思考到底要不要对其进行投资。

有趣的是，做生意两三年内关门大吉的人都说"如果当时有××帮助的话就绝不会失败"。问题是，不久后当他们重新开始另一个生意后，还是失败了。放弃也成了一种习惯。如果有过一次放弃的经历，以后不管做什么事，都会很容易放弃。在放弃之前，我们应该仔细考虑一下自己是否尽了全力。

在职场中也是如此。那些天天抱怨因为没有总公司或客户的支援，所以没什么业绩的人，几乎到最后都不会得到什么支援。但是那些永不言弃，千方百计利用现有条件取得成效的人多会得到总公司或客户的支援。这是因为他通过自己的努力让对方看到了自己发展的可能性，以此取得了对方的信任。这里需要注意的是，永不言弃的不是陈旧的过去，而是相信会有所收获的未来。

有一次，我偶然碰见了作为军官转业的一个弟弟。见到他的时候，他已经转业一个多月了，头发很长，颇有社会人的气息。

"转业后活得挺潇洒吧？"

听我这么说，他满脸不快地回答："快别提了！从几周前我就开始四处找工作，一直没找到。"

他面试的主要是保安公司。因为前辈们指点说，他有过做军官的经历，找保安公司比较容易，于是，他便开始投简历。前辈们说只要他打扮整洁，言谈举止表现出作为一个军官出身的威信就不难被录取。没想到在部队的经历也能用在社会中混口饭吃，想到这儿，他觉得特别满足，感觉自己一定能被录取。面试时，他按照前辈们的指点，尽力挺直腰，想向面试官展示自己军官出身的模样。在面试过程中，他还经常跟面试官提起自己在军队的事情，着重强调自己做军官的经历。在面试结束时，一个面试官说了这样一段话：

"你现在虽然已经转业了，可我感觉你好像还没从部队中摆脱出来。现在的你是一个社会人，而不是军人。把过去干干净净地空出来，保持一个向新生活出发的姿态对你以后的人生会更有帮助。"

面试官要表达的核心内容是，他们需要的是一个以军人经历为基础，能更快、更大尺度发展的社会人，而不是安于过去经历的军人。弟弟听了面试官的话后备受打击，他一直以为只要有军队的经历就能在保安公司任职了。

像这个朋友一样总是沉浸于过去的人非常多，可现实情况是大家更喜欢面向未来的人。此外，就算是为了自己，面向未来的人也比沉浸于过去的人对自己更有好处。因为任何事情都是不断运动、变化、发展的。

大学同学方德和奉秋都在银行工作了 20 年之久。可是有一天，方德因为下属的失误被银行炒了鱿鱼。他觉得特别委屈，明明不是自己的错却要被辞退。雪上加霜的是由他承保的朋友的公司破产，所有的债务都要由他来承担。突如其来的不幸和背叛感让他备受打击。从此之后，他天天待在家里不出门，如同要与世隔绝一般。

几乎是在同一时间，奉秋因为银行机构调整被辞退。为了维持生计，他经过一番深思熟虑，开了一家小型比萨店，因为是第一次做生意，没过多久就以倒闭告终了。在人生的下坡路上，一直是模范生的儿子竟然因为学校暴力事件自杀了。这对他来说是无疑是致命打击。他熬过了那段最煎熬的时间后，整理好心情，开始认真思考儿子自杀的原因。最终，他得出了结论，是重视竞争和名次的教育存在问题。之后，他一门心思创办代案学校。他创办的代案学校为代案教育提出了新模式，在教育界引起了一场震动，甚至还得到了教育厅的感谢。

两个朋友都是我的大学同学，他们有过相似的经历，却过上截然不同的生活。差别在于是安于现实，还是为了未来决不放弃努力，迈开脚步一步一步往前走。虽然经历相近，可是沉浸于过去的方德无法从过去的阴影中摆脱出来，最终在绝望中止步不前。而面向未来的奉秋没有沉浸在过去的悲痛中，他想努力站起来，最终收获了全新的人生。

无法从痛苦伤心的过去走出来而茫然自失，对现在和未来的生活都没有帮助。为了不重复过去的失败，创造美好的未来，有必要回顾并反省过去。但是，如果一味地想"为什么这种事情偏偏就发生在我身上了呢"，反复回顾过去的失败，整天唉声叹气，肯定会对以后的发展造成妨碍。

人们都不喜欢沉浸在过去、停步不前的人。因为大家都觉得跟那种沉浸在过去的人在一起，别说互助了，就连自己的能量也会被浪费掉。与之相反，面对像奉秋一样把痛苦作为发展的基石、永不言弃往前发展的人，大家都会为之鼓掌。因为他的促进力和强烈的精神力量会刺激周围的人产生能量，最终与他站在一起。

反过来说，如果想把某人变成自己人，就得成为一个面向未来的人，绝不能在现实的阻力面前止步。如果现实阻碍太多，根本就不可能取得主导权的话，这反倒有可能是一个更好的机会。因为人们更容易对这种战胜困难站起来的情况产生共鸣。当困难达到极点时，如果你踩着它站起来，人们就会争先恐后地站在你这边。所以，不管有多困难，试着咬紧牙关战胜困难站起来吧！克服困难的那一瞬间，很多人都会为你鼓掌的。

放弃，最大的问题并不仅限于那一瞬间的放弃，而在于重新开启整个人生的机会和运气全都飞走了。佩格·恩特威斯尔（Peg Entwistle）的例子正好可以说明这一点。

她的本名是莉莉安·米利森特·恩特威斯尔，1908 年 7 月 1 日出生于威尔士。她小时候大部分时间在伦敦生活，14 岁时母亲去世后，她为成为一名演员搬到了纽约。恩特威斯尔在百老汇出演过 18 部话剧，慢慢地积累了演员的经验。后来，她搬到了好莱坞，住在叔叔哈罗德家。凑巧的是，哈罗德家正好在好莱坞标志"HOLLYWOOD"对面，晚上，标志的投影映射在他家窗前。恩特威斯尔不停地参加试演，盯紧一切作为演员成功的机会，每天晚上都凝视着窗户对面的好莱坞标志，下定决心一定要成功。可是好莱坞的大门并不是轻易就能敞开的。1932 年 9 月 18 日，她最终放弃了一切，从好莱坞标志的字母 H 顶上纵身跳了下去。

恩特威斯尔死后第二天，她作为话剧主演的试演合格通知书就飞来了。假设回到 80 年前，如果当时那一瞬间她没有放弃，一直不停地挑战，或许她就能作为好莱坞传奇性的女演员被载入史册。

任何人都有可能成为第二、第三个恩特威斯尔。所以，即使现在有各种困难，也绝对不能放弃。努力保持坚强的意志，相信"我能行"。不管有多累，不管有多么孤独，都要一步一步努力往前走。就这么坚持下去，我坚信在某一个瞬间，你周围的很多人都会站在你身边。那时候，你就成了一个真正的主导者，能够领导大家往前走了。

04
避免愚问贤答，发扬贤问贤答

"你是做什么工作的？"

"你住在哪儿？"

"你多大了？"

"你毕业于哪所大学？"

上述问题都是我们在初次与人见面时常被问到的问题。大部分人被问到此类问题时一般都会做简短的回答。这种简短的回答是因为对对方并不了解，因此也不想过多地向对方暴露自己的信息。但是，这种短答型回答既不能主导对方，也不会给对方留下好感，反倒会让想接近你的人觉得你是在跟他说"禁止接近我"一样。

如果有人问你上述问题，那正是把对方变成自己人的绝佳机会。这时候，为了不失去机会，应该尽可能长地回答对方问的问题，尽可能让对方把话接下去。

比如，当被问到职业时，如果你用短答型回答"我是公交车司机"的话，对方就不知道该再说些什么了，对话就有可能中断。但是，如果你回答"我是100路的公交车司机，主要是从城南开到江南。因为交通拥堵，我觉得这个职业压力挺大"的话，对方就能从"公交车司机""从城南到江南""交通拥堵"等词语中获取将对话进行下去的灵感。像这样，我们完全可以为对方提供延续对话的话题，把很容易变尴尬的氛围扭转得舒适自然。

那么，现在让我们把回答的方式进一步升级吧！当被问到"你是做什么工作的"时，像下面这样回答如何？

"我是一名网络设置工程师。因为每天都得去顾客家里服务，所以我总是随身携带两双袜子——我怕万一脚丫子有味不礼貌，哈哈。不知道你有没有像我一样带两双袜子的经历啊？"

面对上面的回答，几乎没有人会做出简短的回应，反倒会加入更多的附加说明介绍自己的职业。可是大部分人经常犯错误，问一些对方没法详细回答的问题。私人问题尤为如此。

"你为什么不结婚？"

"你为什么不生孩子？"

"你年薪多少？"

像这种对别人的隐私刨根问底的问题，几乎没有人会详细地做出回答。如果对方因为健康问题不能生孩子，或者最近家道败落，口袋里没多少钱的话，面对上述问题就会觉得不痛快，也许会因为这种不痛快拉远与你的距离。因为如果问错一个问题，你们之间可能会出现长时间的沉默，没过一会儿，对方可能会假装有急事匆匆离开。所以，为了避免此类事情发生，我们应该避免问这种会让对方觉得不痛快的问题。

在对话中掌握主导权的人还有一个特点：他们不仅仅是在单纯地唠叨个不停，而且会表现出自己沉默寡言时稳重的样子。这并不是因为他们话少，而是因为比起自己说话的时间，倾听对方诉说的时间更长。

倾听对方诉说时，需要很大的耐心。因为当对方啰啰唆唆说了一大堆话的时候，听者很容易觉得压抑，心情变得急躁。但是，如果你不急躁，安安静静地仔细倾听对方把话说完，更有利于自己在双方关系中占据高地。因为对方的话越多，越容易不小心暴露自己的弱点或原本想掩饰的东西。同时，对方看到你耐心倾听的样子，会暗自想：你认真地听我说话，等下次我也要好好听你说话。

掌握主导权的人对话时能很好地运用幽默。通过幽默的方式让对话进行下去，跟马拉松选手的训练过程相似。刚开始只跑 1 公里①就觉得累的选手慢慢拉长距离，下次跑 5 公里，再下次跑 10 公里，对话也是如此。刚开始用短答型句子回答问题的对话，在加入幽默或玩笑后，氛围变得越来越自然，对话的次数也随之增加。

相反，如果因为没话可说而试图把社会问题当作话题，会怎么样呢？要是对方平时对那类话题感兴趣还好，要是不感兴趣的话，情况反而会更糟。对于自己不感兴趣也不了解的话题，他怎么回答？幽默就不一样了。幽默是万民共享的东西，对任何人都适用。大家都会对幽默做出反应，也都觉得幽默很有意思，所以如果使用幽默效果，就能使双方的谈话变得更

---

① 1 公里 =1 000 米。

加自然，而且也没什么负担。

擅长人际交往的人对话时绝不会忘记一点，那就是：对话时要替对方着想。能轻易卖掉价值数亿韩元的高价钻戒的秘诀不是让钻石本身耀眼，而是制造氛围让戴钻戒的人耀眼。如果能让对方感觉到你是在为他着想，那么其他所有的东西都会变成次要的问题。觉得自己是令人瞩目的焦点，心情变好的他就会对你更加友好，更加特别，最后就倒向你这一边了。

像这样，把对方拉到对话中是建立人际关系的基础，但绝不能就此止步。通过一定程度的对话，双方互生好感，创造一种"希望关系成立"的氛围后，应该立即转向下一个阶段。

我们一起来看一下电影《汉城大劫案》中演员朴元尚扮演的劫匪与别人的对话模式吧。在诱惑女社长时，他进入女社长的店铺后，点了一瓶马提尼酒。因为很少有人点马提尼酒，所以女社长脸上露出了感觉很意外的表情，有眼力见儿的劫匪看到那个表情后，立即开口说：

"我原本就很喜欢喝马提尼酒，听说英国首相丘吉尔也喜欢喝。"

听了这句话，女社长脸上露出了满意的微笑，劫匪立即确认女社长很满意跟自己的对话，于是直接说：

"什么时候有时间，我请你吃晚餐。"

结果劫匪的作战方案成功了，两人的关系急剧拉近。电影中的这个场面很清楚地展现了劫匪老练的心理战术，尤其体现在女社长和劫匪之间的问答上。劫匪之所以立即对什么都没说的女社长解释自己喜欢马提尼酒的理由，是因为他从女社长的眼神里看到了她的疑问，甚至通过她的眼神洞察到了她害羞的心思。当自己回答完后，看到女社长脸上露出的满意微笑，他越过吸引女社长这一阶段，直接提议"什么时候有时间我请你吃晚餐"。通过这句话，他一下子迷住了女社长。如果他问一些诸如"你有交往的人吗"这种短答型问题，或者问一些很难回答的私人问题的话，他的计划就很可能会失败。他说的这句"什么时候有时间我请你吃晚餐"是以双方都有好感为前提，暗示继续维持关系，这种对话方式没有给女社长留任何逃脱的余地。

审问嫌疑犯的刑警们使用的也是不让对方用短答型句子回答问题的对话方式。因为诱导嫌疑犯多说话，能让他在不知不觉间说出一些线索或者出现前后不一致的谎话，以此便可以认定其犯罪事实。像审问嫌疑犯的刑警一样，为了掌握主导权，让对方找不到逃脱空隙的对话方法是一种很有用的心理战术。

古语"愚问贤答"，在现代社会基本上不能用了。面对对方愚昧的问题，自己给出明智的回答，共享趣味的时期已经过去。面对那些即使是稍微有点复杂、让人头疼的问题，每天都在忙碌的现代人也很容易忽略掉。因此，为了把对方拉入对话中，就应该问一些完全明智的问题。此外，一定要认真倾听对方的回答。

如果问篮球运动员"你带球的时候，眼神投向哪儿"的话，对方能很轻易地做出回答。因为这对他来说是很熟悉的事情，而且问题的范围很明确。但是如果问诸如"您觉得运动员生活有意思吗"之类的问题，对方可能会不知道该从哪儿说起了；或者害怕因为回答这个问题说出一些太私密的信息，最终也就有可能只用短答型的回答说"是的，有意思"。要想和对方长久对话，虽然需要合适的话题，但是相比之下，问一些对方很容易回答的问题最重要。

05

不是强者获胜，而是胜者为强

现在获取信息的过程比以前更单纯、更简单了。无论何时何地，用智能手机就能直接获取自己所需要的信息。在信息技术并不发达的过去，是什么情况呢？如果有好奇的事情，就去图书馆直接看书或者把书上的内容摘抄到笔记本上。如果所需要的信息书上没有的话，就得亲自去现场打探获取信息。即使这样，还不一定能得到确切的信息。对于现在的年轻人来说，这是无法想象的，他们也不愿意想象这个艰难的获取信息的过程。

难道是因为现在获取信息变得容易、简便了吗？现代人的思考方式好像变得越来越简单。举个例子来说，年轻人即使偶尔通过电子邮件或SNS(社交网络)提出问题，大部分却没有前后信息，只说自己好奇的要点。就拿"应该怎么做股票才好"这种类型的问题来说，在我看来，这类问题最难回答。不对，应该说没法回答。如果是以前的年轻人，他们会首先对自己做一下简单的介绍，然后具体说明自己需要何种帮助。比如："我是××

大学经济学专业的学生，现在正通过模拟投资慢慢了解与股票相关的知识。我主要是做移动平均线的工作，不知道是不是因为我对移动平均线的知识了解不够，我的股票投资实力好像停止了一样。我想了解与收益直接相关的移动平均线原理。"我作为一个为对方解决问题的人，了解到对方是一个经济学专业的大学生，也了解了对方对移动平均线相关知识的掌握程度，所以能清晰地知道他需要的是什么，也就能对他的问题做出回答了。与之相反，我无法通过"应该怎么做股票才好"这种问题，准确了解对方想要知道的是什么，也就无法做出合适的回答。

问诸如"应该怎么做股票才好"之类问题的人，大体都不熟悉"关系中心型"思考。因为如果考虑到对方的特性和对方与自己的关系，他就不可能提出这种类型的问题。主导权的争夺，不是我自己的游戏，而是我和对方一起的游戏。在争夺中，中心型要素是必不可少的。

以柔道为例，"因为我过肩摔做得好，所以以后只用过肩摔技术"这种自我中心型思考的柔道选手是绝对不会取得胜利的，而且很有可能一局都不会赢。主导权的争夺也是如此。如果以自我为中心思考的话，肯定会百战百败，绝对不可能取得主导权。

以关系中心型思考的人不会草率地预测结果，而是会把自己和对方的关系放在心上，追求那种正确的思考方式，以推测可能在实际中出现的情况。可是，我们总是会在无意之中忽视关系中心型的思考方式。

人们去赌场的时候，经常会在脑海中浮现各种妄想，比如"希望今天运气能好点"或者"要是赢得多，今天就去买台进口车"。他们存在一种期待心理，总想依靠运气，而不把希望放在自己的实力上。这是一种毫无根据的自信心，同时也是抛弃"关系中心型思考"的思想。游戏的结果受"对方是谁"的影响最大。有意思的是，去赌场的人大部分都怀有这种毫无根据的自信心，期待行大运，即抛弃了"关系中心型思考"。

有一天，我和几个熟人在一起玩纸牌。因为下的赌注很大，其他人都不敢加入进来。我们几个人互相认识很久了，彼此对对方的实力都很熟悉，只要稍加注意，就不会让任何一个人输得太多或全都赢走，游戏就这么进行着。

此时，一个看上去像中国人、年龄40来岁的男子拿着很多筹码来到我们的赌桌前，气焰十分嚣张。我一眼就能看出他正是我上面提到过的依靠运气，即抛弃关系中心型思考的类型。我们赌桌上的玩家都是专业赌博高手，于是我特别担心地提醒他我们都是水平很高的人，问他有没有关系。这是我对他第一次也是最后一次的关怀。可是他却用一种极为不屑的眼神冲我喊了句"OK"。20分钟后，他输掉了自己带来的所有筹码，被气得脸色通红的他气呼呼地出去又拿来了很多筹码。还没坚持30分钟，就又输得精光。他无法抑制内心的愤怒，什么都没说就逃出去了。

第二天，我在宾馆大厅见到了他，走过去向他打招呼。寒暄了几句之后，我了解到他是中国香港人。谈到香港，因为我以前经常去香港，知道很多有关香港的信息，所以对话变得很自然。然后，不知不觉间谈到了昨天的事。他说当时自己特别冲动地加入了赌局中，根本就没听进去我的警告。他认为只要运气好就能获胜，完全是自我中心型思考。我好像看到了过去的自己，所以分别的时候给了他几句建议。

"你知道职业赌家是怎么赢钱的吗？他们不跟比自己强的人比输赢，

而是挑那些不如自己的人比输赢！这就是高手的秘诀！"

不知道是不是因为大卫和歌利亚的故事一直刻在脑子里的缘故，很多人遇到比自己强的对手时，总是想着无论如何先比试一局，而不是心生尊敬。但我们不应该忘记大卫有不得不跟歌利亚对抗的理由，即在那种情况下他必须那么做。但是，如果在现实生活中情况并非如此的话，我们也就没必要依照大卫的做法。也就是说，面对强悍的对手，觉得自己赢的可能性很渺茫时，没必要跟他一决胜负。

在现实生活中，大卫那种人和歌利亚那种人几乎不可能相遇。因为在一般的关系中，都是水平相当的人在一起。比方说，在第一次商务会谈中，几乎不可能出现A公司科长和B公司常务见面的情况。如果是职位不同的人碰面，那大部分情况不是只有自己，而是2：2或3：3的多方会谈。这时候只要挑选对方看上去好欺负的人与之争夺主导权就可以了。也就是说，没必要非得挑看上去最强的对手。如果挑选相对较弱的对手争夺主导权，他的上级、同事便会因保护他而丢了面子，那么自己就很有可能争夺到主导权了。

挑选对手是生活中最重要的谋略之一。遗憾的是，在现实生活中很多人忘了这一点。举一个很常见的例子：女人们都说想跟元彬或姜东元谈恋爱，男人们都说想跟金泰熙或宋慧乔谈恋爱。可是，假设你真的跟他们相对而坐会怎么样？你真的有信心得到他们的心吗？即使说什么"只要跟他们谈一次恋爱就无憾了"，但若真的恋爱，也会是自己被他们牵着鼻子走吧？

可是，只要放低标准挑选对象，就能开始一段饶有趣味的恋爱旅程。

跟与自己档次不合的人谈恋爱总会被对方牵着鼻子走，但跟与自己相似的人谈恋爱既可以享受共分主导权的乐趣，还能感受偶尔故意让出主导权的乐趣。这就是我们常说的，只有有推有拉，彼此之间才不会心生厌倦，才会觉得对方越来越有魅力，关系也就能长久地维持下去了。

人生有很多条路可以走，去目的地的方法也多种多样。所以，没必要非得挑选难对付的对象，浪费不必要的能量。如果你怀着男人的豪气想要正面突破，盲目地向对方发起挑战的话，只不过是享受到了瞬间的自我满足而已，最终还是会尝到失败的痛苦滋味，或者即使赢了也觉得很受伤。

如果很难从对方那里夺取主导权，那你应该采取迂回战略，而不是正面突破。要是可以选择对方是谁，你最好选最容易对付的对手，尽可能发挥自己的能力，取得满意的结果。我能理解大家都想跟战胜歌利亚的大卫一样成为英雄，感受优越感，但是就像前面提到过的那样，没必要非挑战歌利亚。真正的英雄不是那些只在主导权争夺中获胜的人，而是那些知道如何轻易、高效地达成目标的人。不是强者获胜，而是胜者为强。

06

巧妙利用匹配原理

朋友搬家前几天，搬家中心的员工前来拜访，想看一下要搬的行李多少和建筑的构造，以计算费用。朋友的家在顶层另建的一个房子里，与下面的楼层相比更靠里，搬家中心员工说，就算用电梯也不好搬，估计得用云梯车。用云梯车费用肯定不低，可朋友也没办法。接过搬家费用估价单后，朋友记下了搬家中心员工的手机号码，然后顺带加上了Kakaotalk①。大家都知道，Kakaotalk 上面有表达自己现在状态的信息窗。看到员工的信息窗上写的"主与我同在"，朋友便了解到对方是一个虔诚的基督教徒了。

搬家那天早晨，朋友厚着脸皮对搬家公司的员工打招呼说："你在哪个教会信教啊？"听到这话，那个员工开心地笑着回答："我是××教

---

① 一款韩国免费聊天软件，类似微信。

会的执事。"朋友觉得这是一个拉近双方距离的好时机，便接话说："啊，是吗？我也是××教会的执事。"这时候，那个员工变得特别友好，高兴得恨不得把自己没吃完的面包分给我的朋友。

其实那个朋友并没有什么宗教信仰，他只是想拉近跟搬家公司员工的关系以节省一些搬家的费用，于是就说了谎，骗对方说自己也去教会。搬家本来就很容易损毁大大小小的物品，那个朋友也是想让搬家公司员工在搬运的过程中能多费点心。幸好朋友的招数灵验了。听说朋友是教会执事后，搬家公司员工在搬运行李的时候一直很小心，即使是很小的物品也特别认真仔细，最后还少收了一些钱。

现在越来越多的人会像上面我提到的朋友那样，为了拉近跟对方的关系拿着宗教当幌子。尤其是有政界人士竟然把宗教当作选举的工具。他们是不是虔诚的信徒我们无从知晓，但是相应宗教的教徒一般都会对与自己有着相同信仰的政界人士怀有好感。如果说以前的宗教是将信念和意志团结在一起的人生能量，那么可以说现在的宗教社会性质越来越浓，甚至有的营销人员为了拓宽业务去教会或寺庙，这是一种基于匹配原理（Matching principle）的营销战略。

所谓匹配原理，是指因为人们一般都喜欢在人种、宗教、文化方面与自己相似的人，所以利用这一心理结交新朋友以促进生意或促成婚姻等关系的原理。跟不了解的人在一起相处本来就会产生压力，但是如果发现对方跟自己有一些共同点，就会相信对方是一个很容易了解的人，压力也就小了。此外，他们更想跟可了解的对象亲近。

1997年票房大将朴重勋主演的电影《哈利路亚》很好地展示了人们是

多么容易被匹配原理收服。主人公杨德建是个扒手，被释放后虽然曾努力重新做人，可是因为找不到工作，在适应社会的过程中遭遇失败后，他觉得特别彷徨。一个偶然的机会，他目睹了一起交通事故，还帮了受害者，可是最终曾是开拓教会牧师的受害者还是死了。后来，他为了霸占开拓教会的事业费，开始扮演死去的牧师。由于他对教会运营系统和教理并不熟悉，刚开始教徒们都觉得他很奇怪，可因为他是一个很出名的牧师，大家也就慢慢对他产生了信任，还为他提供各种服务。

在教会的时间越来越久，杨德建只好用自己的方式指导教徒，教给他们夜总会的赞美舞蹈和兴信所式信仰会谈。越来越信任他的教徒们慢慢地迷上了他，最终他得到了开拓教会的1亿韩元资金。匹配原理在像《哈利路亚》里的教堂这种人多而且人员不固定的场所产生的效果更大。

匹配原理不仅适用于宗教。住址、职业、毕业学校等都被评为韩国社会最具代表性的相似性要因。让我们以某个网络社区为例来说明一下吧。拥有数千名会员的某网络社区每两到三个月会在首尔举办一次线下聚会，每次都会有少则几十人、多则几百人来参加聚会。平时在网络空间里，大家都只是知道对方的名字或者只看过几次照片，第一次见面的时候难免觉得尴尬。这时候为了缓解尴尬，很多人都会问一些诸如"你住在哪儿"或者"你是做什么工作的"此类的问题。如果住的地方很近，或者职业类别相同，尴尬的气氛会瞬间消失，彼此之间觉得亲近了好多，甚至会顺带做个约定："等会儿回家的时候咱们要是能一起走就好了""有时间在小区里喝杯酒吧"。如果大家分组做游戏，那些因匹配原理变得亲近的人肯定会在一组。

除了匹配原理，还有一个原理会对关系产生影响，那就是"需求互补性原理"。它与以相似性为基础的匹配原理不同，是为了弥补自己满足不了的需求倒向跟自己具有相反特征的人的原理。根据需求互补性原理，越是支配欲强、有权威的人越喜欢顺从型的人，话多、散漫的人喜欢沉默寡言的人，做任何事情都优柔寡断的人喜欢做事果断干练的领导型的人。决策集团老板在选组员的时候更偏向顺从、心软的人。相反取向的人能填补彼此内心的空白，关系也变得更亲近。只要看看周围那些外貌差别大或性格相反的情侣就知道了。

与需求互补性原理相比，匹配原理主要出现在无强弱之分的水平关系中。因为相似性的人大体上都是水平关系的人。此外，因为它利用的是很容易暴露和确认的相似性，所以更容易在起初互相都不了解的人之间产生。

与之相反，需求互补性原理主要是发生在彼此条件不同的人之间，更容易在上下级关系中出现。因为觉得对方能弥补自己的不足，所以应该是对对方有了一定程度的了解的。可是对于需求互补性原理有一点不容忽视：期待对方弥补自己的不足，其实也表明自己在那一方面不如对方。

据某项研究结果显示，当确认了跟自己基本具备相似性的人有与自己相反的特点时，会觉得对方更有魅力。即虽然利用需求互补性原理抓住对方很重要，但是为了取得更大的效果，在这之前应该利用某种程度的匹配原理。如果没有某种可匹配的相似性，有必要跟前面提到过的朋友一样，故意制造一个相似性进行匹配。举个例子，一个女演员刚开始为了拉近跟PD（制作人）的距离，就谎称跟他住在同一个小区，后来他成了她的老公。她为了吸引对方，故意制造出了某种根本不存在的相似性与他进行了匹配。

虽然此事后来被揭穿了，但是那时候双方的关系已经很亲近了，所以那根本就不成问题。即如果你想把某个人变成自己人，最先应该使用基于相似性的匹配原理。

07

强势的眼神 VS 温和的眼神

我每个月平均要做两三次演讲。在演讲的过程中，我感觉到听众越年轻、有好奇心，越认真听我讲的以"心理"和"输赢"为主题的内容。但是，很难接受新内容的五六十岁的听众可能是因为觉得他们自己在生活中获得的经验才是正确答案，不管我讲什么新内容，他们的表情总好像是在听一个遥远国度的故事，没什么反应。所以，给年长的人演讲时我更紧张。

在一次给年长的人做演讲时，有一个人表现出了很强烈的反应。那是在 A 公司演讲时的事了。当时台下的听众大部分是中壮年，我一边环视周围一边演讲。突然，我跟一个女性的视线相遇了，那是一个既热烈又极具挑战性的眼神，瞬间，我觉得有些发蒙。她戴着一副金框眼镜，大概 50 岁出头，看上去是一个很固执的人。

"她为什么这么看着我呢？难道是我的演讲内容不好？还是觉得内容没意思？"

我的脑子里思绪纷飞，悄悄地避开了她的眼神。

虽然整个演讲过程中我一直在想她的眼神，可是我知道作为一个演讲者对抗听众的眼神是一件很失礼的事情，所以我忍住了。可是演讲进行到下半场的时候，她依旧一直盯着我，我的忍耐此时达到了极限。

"好，我们比较一下吧。为什么总是那么犀利地盯着我啊？"

我也像是要看穿她一样盯着她看，眼里闪着光。就在我们的眼神对抗即将爆发的时候，我们都停止了。演讲时间结束了。

结束演讲后，我收拾行李去坐电梯，竟然又碰到了她。更让我吃惊的是，她亲切地笑着跟我打招呼说："我认真地听了您的演讲，真的很棒。"

惊慌失措的我当时很想问一下她当时为什么那样看着我，可电梯上的人太多，我还要赶下一个行程，最终也没问，对她表示感谢后便结束了我们之间的对话。后来我总会时不时地想起那个50多岁的女子。因为我一直没弄明白她当时为什么用那种眼神盯着我看。直到后来，我从一个教授的研究资料中找到了答案。

那是美国一所大学将对主导权有强烈欲望的人和消极温和的人聚集在一起，对他们的视线和反应做的一项研究。研究结果是对主导权有强烈欲望的人会用一种热烈而挑衅性的眼神凝视对方。那种眼神不是为了向对方表现一种危机感或敌对感，而是表达一种潜在的认同感。用一句话概括就是当更有能力掌握主导权的人用热烈的眼神注视对方时，对方会被你的眼神吸引，从而也会用同样的眼神去凝视对方。

直到那时我才明白当初那个女子凝视我的原因。我在演讲中为了提高听众的注意力，故意使用强势的眼神和坚决的口气。她对这样的我产生了共鸣，所以也用相同的眼神凝视我。在电梯里遇到她的时候，我没有直接问她"刚才你为什么那么盯着我看"，也许是我在不知不觉间已经对她产生了好感。

使用与对方相同的眼神是你在想要达到某种目的时掌握主导权的重要武器之一。强势地凝视对方能将表面看不出来的力量和能力通过眼神表现出来。很多人遇到强势的眼神时，总是不自觉地没了气势。这是因为在你与对方进行眼神交流时，对方眼神中所隐藏的能量给了你看不见的压力。此外，通过眼神之间的较量，还可以给对方留下正面的印象，让别人觉得"这家伙，眼神真活""那个男人的眼神跟别人不一样"。

我在日本大阪亲眼所见的一件事情就可以证明这一点。大阪的道顿堀有一座因年轻人在此猎艳而出名的桥。每到晚上，数百名年轻人聚集到这里，寻找能跟自己一起度过一段愉快时光的异性。到处站着三三两两聚在一起的人。一般情况下，如果女子们站在桥上，那三两个男子就会聚在一起去桥上跟她们搭讪，若彼此满意，就一起去居酒屋喝啤酒。

我坐在桥边的一条长椅上看着发生的一切，突然一个男子进入了我的视线。他穿着一身黑色的西服，个子很高，可并不是那种会让人一见钟情的美男子。他站在桥边盯着过往的女子看个不停，我饶有兴趣地看着他。

可是，我发现他跟其他男子的行动有所不同。他慢慢地经过女子们身旁，一个一个地跟那些女子对视。很多女子在跟他对视两三秒后都露出了尴尬的表情，然后马上转移了视线。后来，他跟其中的一个女子展开了长时间的眼神交流。这个女子在跟他对视了足足四五秒钟后，才好像害羞了似的转过了头。男子就像下定了决心一样，走到那个女子面前正式地打了个招呼，互相说了几句话之后，女子对同来的女伴们挥了挥手，然后就跟着男子走了。

这场景真是有意思。男子竟然用眼神来判断有可能对自己敞开心扉的女性。男子的强烈眼神是力量和能力的表现，即向对方表示自己是一个可以让她幸福快乐的男人。对他怀有好感的女子的视线也在男人身上停了好久。

此外，男子使用眼神交流很聪明地避开了被别人烙上坏印象的可能性，得到了女子的心。在桥上，主导权在女子一方。让我们来想象一下男子不是通过眼神，而是通过搭讪的方式接近女子的场景吧！如果在第一群女子中遭到拒绝的话，其他群的女子就会暗暗地想，那个男人已经被别的女人拒绝了，肯定是个没什么魅力的男人。但是，男子通过眼神交流既可以避免给人形成这种印象，同时还能得到女子的心。他用眼神获取了主导权。

这里有一点需要注意：眼神交流只不过是一种让自己更容易取得主导权的方法而已，如果你认为通过眼神的"对抗"能压制对方，完全掌握主导权的话，那就大错特错了。

在棒球比赛中，有一句话是"牵制后到此为止"。因为想通过牵制让对方出局会发生失误。牵制的目的只是在于牵制本身，如果太贪心，想让对方出局的话，反而会出现相反的结果。也就是说，清楚地认识到行为的目的是什么很重要。

眼神的交流也是如此。在与对方的主导权争夺中，眼神交流能让自己更有自信，同时通过看对方的反应能了解对方有多强大。仅通过眼神的交流并不能使对主导权的争夺完美结束，也不能让你拥有完美的主导权。眼神之争就应该以眼神之争的方式结束，只有这样才能增强它的效果。要对在通过眼神之争展开的主导权之争中占据优势感到满足，没必要太急躁。

再附加一条，我们应该记住，并不是说通过眼神之争压倒对方适用于所有的情况。根据前面提及的研究结果，如果对方是一个消极的、爱害羞的人，即对主导权没什么欲求的人，要是你还用强势的眼神凝视他，反倒会产生相反的效果。在这种情况下，对方其实已经把主导权让给你了，如果你再那么咄咄逼人，对方会觉得自己受到了侮辱，这打破了主导权之争本身的原则，你甚至会因此失去跟他成为朋友的机会。

争夺主导权是想要按照自己的意愿支配对方。跟对方的关系如果搞僵了的话，那就糟糕了。在这种情况下，倒不如暂时让出主导权。

08
拉出"第三者"

我总会在初次见的人面前提起我和对方都知道的"第三者"。之所以这么做，是想跟对方更自然地相处，这时候即使第三者跟我不是很亲近或者不经常见，也很有效果。

有一次，我去电视台录像，一起出演的人大部分都是初次见面，其中有一位是有名的杂志社主编。我走到他身边简单打招呼后，提出了跟我很亲近的另一个杂志社主编的名字："您认识×××主编吧？"他当时愣了一下，看得出他应该不认识我提的那位主编，但是他立即转换表情，回答说："嗯，我当然认识他啦。"他也许是觉得自己一时听错了名字或者一时想不起来了吧。不管怎么样，正由于他觉得我们之间有一个交集，所以在录像期间一直对我很友好。

记不清是什么时候了，有一次我见了一个有名的散打运动员，我和他也是初次见面。我以前听说过那个运动员去过我常去的一个健身中心，于是搭话说："你知道×××教练吧？"他回想了一会儿，高兴地回答说："啊，他啊，当然认识了。"后来，直到我们分开的那一刻，他一直对我很友好。

在初次见面时提出互相都知道的"第三者"，可以起到一种间接强化关系的效果。这里所说的间接强化关系的效果，指的是向对方做出一种暗示，暗示他跟你之间有一个所谓的"第三者"的纽带，通过这种方式达到彼此信赖的效果。这相当于一种利用"第三者"的心理战略。这里提到的"第三者"即使跟自己不是很亲近或者没有什么直接的关系也无所谓。互相有一个共同都知道的"第三者"这件事情本身就会让对方与你形成一种关系形态，这会使他对你的态度更加友好。

利用"第三者"的心理战略，分为守备战略和攻击战略两种。花图是解释守备战略的好例子。大部分人只知道花图是一种用好牌尽快得分取胜的游戏，其实花图还是一种只有做好守备和合作才能取胜的游戏。尤其是当摸到不好的牌时，重要的是应该尽快跟另一个人合作，牵制有可能得到大分数赢的人。只有做好合作才有可能缩短分数的差距，将分数差拉到3分或5分。这是一种利用"第三者"将风险降到最小，让守备效果发挥到最大的战略。

利用"第三者"的守备效果在军队也能得到证实。众所周知，最前线一般都是由三名官兵组成一组守卫。为什么不是两人一组，而是三人一组呢？这是为了形成一种意见不统一的守备效果。最前线在与朝鲜邻近的区域，很容易出现官兵逃离军营或者越北的危险情况。如果两人一组，一旦有一个人起了别的心思，另一个人很容易被煽动，但是三人一组很容易出现意见不一致。一个人煽动两个人很难，因为只要有一个人反对，其他两个人擅自行动的可能性就很小。

在主导权的争夺战中，也可以使用利用"第三者"的守备战略。如果已经判定不可能打赢对方，那就跟与自己同一条心的"第三者"合作应对对方的攻击，这可以避免单方面争夺主导权的情况。

电影《我是杀人犯》形象地展示了利用"第三者"的攻击战略。主人公崔警官为了抓住连环杀人犯进行了各种努力，可是杀人犯像是在享受游戏一样，捉弄追捕自己的警官。最终，犯人被释放，公诉时限也慢慢到了。这时候，崔警官让一个"第三者"介入自己和杀人犯之间。他假装名叫李斗石的第三者真的是杀人犯，真正的杀人犯通过电视看到假杀人犯后，觉得本来自己是这场游戏的主人公，可是这个假杀人犯好像抢了自己的位置，他很生气。火冒三丈的真凶大摇大摆地出现在了电视讨论会中，在最终公诉期的前几天，他被拘留了。崔警官利用"第三者"的心理战略最终取得了胜利。

我还认识一个朋友，他的故事也能拿来作为利用"第三者"攻击战略的范例。那个朋友原来经营着一家小旅行社，后来因为经济形势恶化，他的旅行社最终破产了。有一天，他找到了我。

"不知道以后该拿什么养家糊口，真是担心啊。"

虽然说几乎每个人都会因为养家糊口苦恼，可是他的事业做了那么久最终还是破产了，现在不得不重新挑战别的事情。他说这些话的时候表情很严肃，就像是站在人生的转折点上一样。

"我还想要不要考个注册经济师证，做做房地产中介的工作……"

我劝他要尽力挑战一下，人生最重要的是把想法付诸实践。我还建议他，比起投资那些大楼或贵的土地，要是主要做一些小区里的住宅租赁应该会有不少小生意。

在那之后，八个月后的某一天，他又来找我。按照计划，他考了注册经济师证，也在小区里开了一个小房地产事务所，可是跟客户签约却很难。

"最近房地产公司的信息都是网络共享，大部分都是招客户的中介和跟客户实际签约的中介各分一半手续费，所以事务所的收入一直不多。更大的问题是要想签约成功很难。我们事务所旁边的朴社长就挺会谈生意，我怎么就不行呢？"

我很同情他的处境，同时也开始好奇朴社长到底是个什么样的人，在经济这么不景气的时候他竟然也能谈这么多生意。我觉得他应该有自己的一套运作技巧。

"你要是跟那个朴社长经常来往，观察一下他是以什么方式签约的话，是不是就能掌握他的运作技巧了啊？"

听说这位朋友听了我的这番话后，就经常去朴社长的办公室，喝喝咖啡，下下象棋，跟朴社长相处的时间慢慢多了起来。最终，他发现了朴社长的不同于别人的一套签约秘诀。刚开始，朋友觉得朴社长之所以一次招待两个客户是因为怕麻烦，可是再仔细观察后发现，朴社长是故意调整日程同时招待两个顾客的。用一句话来概括，其实朴社长是想让两个顾客之间形成一种微妙的矛盾打心理战。

房地产中介面对那些能收到手续费的合约很敏感，他们把大部分心思放在了与其他中介的较量上，而不是客户身上。与别的中介不同，朴社长用的是将焦点放在客户身上的战略。房产中介同时招待两位客户，每个客户都会对意料之外的另一位客户展开微妙的心理战。即使两个客户都没有表示要签约的意思，他们之间其实已经成了竞争对手，他们争夺的房子的价值也就跟着上升了，那么以后他们对这套升值了的房子的竞争也必然更加激烈了。

如果能适当地调整"第三者"在人际关系中的位置，那么不管对方是谁，关系都能变得更加轻松、亲密。偶尔也可以把"第三者"拿出来当作盾牌或秘密武器，展开一场更为强悍的守备和攻击。在这里我们一定不能忘记一点，那就是第三者的立场。

被称为善于用人的大师曹操抓住关羽时，对俘虏关羽招待甚好，不仅给他提供府宅，甚至送给他赤兔马。虽然《三国演义》中出现了很多人物，可曹操却是独一无二的。在与刘备的战争中，曹操虽然为了能占据有利地位，利用关羽作为"第三者"，可他却并不是只把关羽当作利用的对象，而是首先把关羽作为一名优秀的将帅，心里十分尊敬他。关羽如果对刘备不是那么忠心的话，也许早就倒向曹操了。

当知道自己被别人利用来维持人际关系时，几乎没有人会觉得高兴。所以，当把"第三者"拉入关系圈时，一定要关怀并尊重"第三者"，以免日后"第三者"知道事情的真相后会伤心。

09

自己完成总结性发言

1968 年，川端康成的小说《雪国》获得了诺贝尔文学奖，这篇小说是以日本新潟美丽的雪景为背景展开的爱情故事。

为了离开压抑的都市，岛村坐上火车去了雪国，在那里他遇到了驹子，爱情也随之绽放。新潟在日本以冬季多雪而出名，尤其是小说的空间背景在现实生活中原本就很美。虽然这部小说是在现实中美丽的背景下展开的，但是比起美丽的景色，读者记住的却是《雪国》中悲伤的爱情故事。这可能是因为小说以岛村倾慕的另外一位女子——叶子死的场景结尾，所以故事整体都被罩上了一种悲伤的氛围。此外，小说中对叶子的描述很少，但故事是以叶子出场的场面结束的，所以这甚至会让观众怀疑故事真正的女主人公不是驹子，而是叶子。

人们的记忆和想法可能会根据故事的结尾发生改变，而与故事的过程无关，这就是所谓的"结局残留效应"。

举一个例子，上司指责说：

"金代理，事情还是不顺利啊！如果再这么下去可不行啊……尽管如此，这件事情你还是最擅长的，好好做吧。"

这时候金代理的脑海中留下印象最深的话是什么呢？就是最后一句话"这件事情你还是最擅长的，好好做吧"。比起前面上司的指责，他对这句话的印象更深，然后会像一个真的做得最好的人一样把事情做好。

这种结局残留效应在我们日常生活中也很常见。平时我经常去一家中国餐厅吃饭，有一次，我问那家餐厅的老板这么一个问题：

"为什么要送给顾客一份用糖拌的水果作为饭后甜点呢？"

"因为最后吃的食物的味道是甜的，顾客才会真的记得今天的饭菜很好吃。"

可以说，这就是为了让别人记住这是一家美味的餐厅而使用的结局残留效应。在大型服装店的最后一个阶段——收银台经常会安排一个外貌与服装品牌很相符的职员，也是使用结局残留效应。这会在最后给购物期间一直不满的顾客传达一种好印象，从而让对方怀着一种平静的心情走出卖场，最终维护卖场的形象。

结局残留效应在争夺主导权中也很有效，即如果想掌握主导权，最后一句话一定要由自己来说，不能被对方抢走。在商务关系中，运用这一方法会让人觉得你是一个很积极的人。即使在会议中一直没发表什么观点，对对方提出的观点或主张也没什么反应，如果由你来归纳总结、结束会议的话，别人会觉得你好像对本次会议的观点起了相当大的作用。此外，即使会议结果对对方有利，如果由你总结发言，大家会觉得好像不是对方胜了，而是平局。像这样，通过在最终阶段提出主张或突出自己，你即使是在不利的状况下也不会轻易失去主导权，若是在有利的状况下就更容易取得主导权了。

如果想让效果发挥得更好，那就不要使用"否定的结论"结尾，用"肯定的结论"吧！比如，即使会议过程中的气氛很紧张，最后用肯定性的内容（"会议很成功""通过今天这次会议，我们看到了希望。下次应该就能找到彼此需要的共同利益了"）结尾的话，即使是一些没有实际内容的空话，大家也会觉得这次会议不错。

为什么就算与事实不同，大家也会因为最后的内容留下好印象呢？从自我中能找到其根本性的原因。一般自我分为"我感觉到的我"和"别人感觉到的我"两种。"我感觉到的我"因为是自己一个人的感觉，所以很难合理化。即使在某种情况下犯了一些错误，也可以不把它当大问题，就那么含糊过去。所以如果自己说的话或做的事受到别人指责的话，会觉得压力很大，防卫的本能也会变得更强。如果对方指出了自己的错误，自己会暗暗想"那个人压根没理解我的意思"或者"我以后不想跟他一起工作了"。

人总是这样，想把自己保护起来，让自己的行为和言语合理化。如果你适当地迎合对方的这种心理，会更容易与对方建立友好关系，而且有可能收到意想不到的利益。这种战略对那些要面对很多人、说很多话的营销人员或顾问更有用。

以在外国保险公司上班的销售经纪人大京为例进行说明吧。他是一个财产管理师，在业界收入可观，不管氛围是好是坏，他总是豪爽地微笑，用下面的内容结束对话。

"今天来这儿跟您讨论财产管理的事儿，我反倒从您这儿学到了不少东西。"

听到这话哪儿有不高兴的顾客啊？大京特有的笑容和把顾客当作老师的吹捧，给顾客留下了深刻的印象。

听到最后的内容的时候，有些顾客刚开始可能会暗自觉得这是销售人员随口说的话，但是心情仍然会变好，心里也觉得很满意，一边回答说"我确实有我智慧的一面"，一边觉得自己在"别人感觉到的我"中是一个很值得尊敬的人。客户打心眼儿里高兴了，就会对大京更友好，反正顾客本来就需要保险管理师，于是就直接选有好感的大京了。在这个事例中，大京向客户表达的最后内容与商谈一直延续的氛围没关系，只是想让客户得到满足，最终与自己的业绩连接在一起。

除了"肯定的结论"之外，还有一个带来结局残留效应的方法——"收益理论"，即应该把最后的内容的重点放在收益上，而不是损失上。下面这个故事与此相关，是我的亲身经历。

洗车的时候，洗车场老板失手把我汽车里面的烟灰缸弄坏了。

"真对不起。您看我怎么赔偿您才行啊？"

老板脸上的表情很尴尬，他小心翼翼地问我。烟灰缸大概值1万韩元。我笑着说"下次您就少收我一点儿洗车费吧"，然后开车走了。不久后，我又一次去了那个洗车场。主人见到我很高兴地过来打了招呼，还少收了1万韩元洗车费。

假设烟灰缸被打碎的那天，我要求老板赔我1万韩元的话，虽然这是因对方过失造成的结果，但让他当场赔偿损失，他的心情肯定会很受伤。从我的立场来看，如果我当场收下了赔偿金，伤了洗车场老板的心，我会觉得是不是自己太小心眼了，然后就再也不好意思去他家洗车了。但是，那天我没收1万韩元的赔偿金，我和洗车场的老板都受益。作为洗车场老板，虽然最后还是为我提供了不止1万韩元的服务，但那不是赔偿，只不过是任何时候都能为我提供的服务而已。烟灰缸碎了，虽然我当时也很不高兴，但最终享受到了更多的服务，心情变得更好了。

虽然这件事看上去很简单，可是比起收益来，人们总是对损失的反应更敏感。我再举一个与此相关的例子。

这是我的一个熟人买高价原装模型时经历的事情。他以32万韩元的价格从有名的R公司买了一件品牌的进口原装模型。虽然价格很高，但他想拥有一件只属于自己的特别的原装模型，所以毫不犹豫地买下了。几天后，他在经过一个电子商铺时发现里面也在卖R公司价值32万韩元的进口原装模型，而且只卖31万韩元。他立即走进卖场，仔细地观察了那件模型，后来发现它跟不久前自己买的那件模型的设计不一样，价格也低1万韩元，于是他下决心把它买下来。可是在收银台结账的时候，店员问他：

"您不需要漆吗？"

"嗯？还得买漆吗？"

店员理所当然地回答道：

"是的。模型组装后得涂色，漆需要另买。"

虽然漆的价格只有3 000韩元，但可以说是后来加上的附加费用，他觉得心情很不爽，最终没买模型就离开了店铺。

如果店员把原装模型的价格定在32万韩元，然后跟他说用于涂色的漆是免费服务的话，结果会不会不一样？这比实际价格31万韩元加上漆的价格3 000韩元还贵了7 000韩元。但是那个熟人反倒买了32万韩元的那个模型，接受了3 000韩元免费的漆。因为它的价格虽然更贵，但是在熟人对价格一无所知的情况下，前者比刚开始提供的价格更便宜，后者比刚开始提供的价格更贵（这类似于行动经济学中所说的"锚定效应"，或称为"黏结效应"）。

最近经常买衣服的人会感觉衣服的定价抬高了很多，可是服装卖场一年到头都在打折，有时候甚至是半价或者70%~80%的折扣。其实即使再怎么打折，价格也绝不便宜。可是顾客还是喜欢定价高、折扣也高的东西，却不怎么喜欢把打折后的价格作为定价出售的东西。

简单地整理一下这个原理。试想一下，有下面两种价格。A=（8+1+1=10），B=（12-1-1=10）。两个价格都是10，不同的是A从8开始，B从12开始。人们更喜欢哪个呢？当然是B了！因为人们会把刚开始知道的价格作为基准，然后内心更偏向于比这个基准更便宜的价格，而不是比基准更贵的价格。

所以，当顾客在做决定的时候，最好不要告诉他一些附加损失。如果你对一个好不容易做了决定的人提损失的话，对方会把这种损失当作一种负担，从而产生抗拒感。如果有些损失必须告诉顾客的话，最好在刚开始就说出来，那么对方在考虑了损失后做出最终的决定时就不会有反悔的情况了。

第二章

将对方的力量变成自己的力量

10
享受尴尬氛围下的压力

这是我以前在英国做职业赌徒时的事情。有一天，两个在大学读经济学的青年找到我，请我帮他们成为职业赌徒，接着就开始跟我炫耀他们的能力。

"我们的赌博实力很强。我认为我们已经具备了充分的天赋和成为职业赌徒的条件。"

"我在经济和投资原理方面有超强的领悟力，尤其是精通数字计算。169 个对牌概率理论我都能背下来！"

169 个对牌概率理论是在对牌中使用的一种概率公式，相当于数学高次方程式的级别，即使是职业赌徒也很少有人能将这套理论全部背下来。那个青年人说自己能将这套理论全背下来，是想向我展示他赌博的实力，我对他也有些好奇，于是提议说：

"如果对你们进行正式的辅导训练，不仅时间不够，相关手续和费用的问题也很烦琐。不过只要你们能通过我的测试，我就给你们进行短期辅导。"

测试题很简单。

"每人带 1 000 英镑去赌场，在赌场待 12 个小时，只看不赌。12 个小时过后你们把那 1 000 英镑原封不动地从赌场拿出来就行了。"

"您是说我们不能玩只能看？"

听到这个，他们都表现得很不情愿。

"是的，是不是觉得很简单啊？你们只要观察就行了。"

他们拿着钱去赌场后，我给那个赌场负责监督管理的老板打电话说明了情况，并请求他帮我留意他们的行动。五小时后，老板来了电话。

"两个人都把钱赌光回家去了。"

那天之后，我再也没见过那两个青年。仔细追究起来，他们其实做了再正常不过的事。有钱，在能赌博的赌场，还能把 169 个对牌概率理论全都背下来，在所有的条件都具备的情况下，要想忍住不赌很难。最终，"尴尬"唆使他们拿着手中的钱走上了赌桌。

来赌场的人大部分是为了赌博。可是如果他们只能看不能赌，十有八九会觉得很不自在。别人异样的眼光更加重了他们这种尴尬的感觉。虽然别人没直接说什么，可是他们觉得别人那冷漠的眼神好像是在说："他们在这儿干什么呢？难道是没钱来这边看热闹的吗？"这时候他们肯定想马上从那种尴尬的氛围中摆脱出来。

他们本身就对自己的赌博实力很有信心，所以摆脱尴尬氛围最好的方法肯定不是走出赌场，而是加入赌局。也许他们也曾赢了几局赚了多于

1 000英镑的钱，也许他们也曾输了钱想停止再赌，但是，如果他们再一次感受到那种只看不赌的尴尬的话，就会再次忍受不了尴尬，再去赌。最终，把所有的钱都输光。

后来，我又让几个人做过三四次同样的测试，遗憾的是没有人能过关。这就说明人在忍受不了尴尬的时候，即使知道那是不能做的事情，为了摆脱尴尬还是会去做。

在争夺主导权的环境下，刚开始你和对方的关系肯定比较尴尬。这时，如果忍受不了尴尬，做了不同于原计划的行为，就很可能造成无可挽回的后果。所以，不要慌，要相信对方跟自己一样觉得很不自然。不要强迫自己去克服这种尴尬，应该享受它。只有这样，心情才会放松，也才会避免因为冲动造成不可挽回的后果。

想象一下，自己坐在桌子旁等待签约。签约的双方都很想去填补对话的空白，因为无法忍受尴尬而尽力故意接话。这么做有利于自己掌握主导权吗？答案是否定的。相反，让对方忍受不了尴尬首先开口，对自己掌握主导权更有利。金庾信[1]面对苏定方[2]时表现出的干练、强势证明了这一点。

在与百济对抗的前几天，金庾信对唐朝的态度特别不满意，然后跟率领大军前来的苏定方展开了一场气势的较量。起初两个人都保持沉默，在进行了一段时间的眼神较量后，金庾信还是没有开口，忍无可忍的苏定方问金庾信"今年多大了"，金庾信面无表情冷冷地回答"你先说吧"。让对方先开口说话，对自己争夺主导权是很有利的，金庾信肯定知道这个道

---

① 朝鲜三国时代新罗国的大将。

② 中国唐朝武将。

理。他看着神色慌张的苏定方，脸上露出了笑容。也许是他看到不知所措的苏定方，感觉到主导权已经在自己手中，因此才露出了轻松的笑容吧。

可是，主导权之争并不只在紧张的沉默中发生。当在初期的主导权争夺中获胜后，为了维持自己掌握的主导权，需要采取新的方法。这时候需要的就是幽默了。能战胜尴尬的人在处理人际关系时，基本上都能灵活运用幽默效果。

就拿男女集体聚会来说吧。聚会中双方基本上都是初次相见。在不了解对方信息的情况下，心里在有期待感的同时，还会有一种不安的情愫，表现出来基本上就是尴尬。此时，如果一个幽默感强的人最先站出来主导会场的话，氛围就会慢慢地由尴尬变为融洽。相反，如果一个呆板木讷或脸皮薄的人最先站出来主导会场的话，会场的氛围就很可能从头到尾都很沉闷。这也就证明了幽默在人际关系中对氛围的形成起着很大的作用。

刚开始尝试做饭的时候，即使不停地看纸上的菜谱，手也不听使唤，心里总会有种莫名其妙的不安感。同理，当我们见到一个毫不了解的人时，心里肯定也会有某种不安和尴尬，而由于不安和尴尬心里难免会着急。此时，如果有人帮忙把这种心理克服了的话，大家都会对那个人产生好感，并对其产生信任。通过这种分析，我们似乎能理解刘在石为什么能成为大韩民国最厉害的明星了。当有人说觉得不自在时，他会通过提各种不同的问题或进行对话让氛围变得轻松自在。氛围变轻松后，他会通过一些调皮的玩笑或利用自己的幽默感染力让节目一直保持愉快的氛围。观众朋友们都支持这样的刘在石，甚至信任他参加的电视节目。这就证明了战胜尴尬的幽默的力量。

幽默的力量在于幽默本身以肯定性为前提，而非否定性。在人际关系中，否定意味着对立，肯定意味着和谐。所以，运用幽默在对方看来是和谐的，不会觉得受到了攻击，从而安心下来，解除了紧张感。因为幽默本身含有肯定的意味，所以即使是要做一些攻击性的发言，如果在发言过程中适当添加幽默的话，也能收到更好的效果。

亚伯拉罕·林肯（Abraham Lincoln）是灵活运用幽默技术的代表性人物。林肯刚当选为总统，围绕是否废止奴隶制的南北战争就爆发了。当时全国战乱，可以说林肯生活在一个很难开玩笑的时代。可是，他却打破陈规，每次遇到困难的情况都能恰如其分地开玩笑，从而也维持了坚不可摧的主导权。下面是其中的一个例子。

面临共和党候选人的选举，林肯和他的对手道格拉斯展开了一场激烈的辩论。道格拉斯先发制人，对林肯展开了攻击。

"你就是一个两面派！"

林肯面不改色，平静地回答道：

"你说我是一个两面派？请你再仔细思考一下。我如果是个两面派，那么在今天这么重要的场合，我为什么偏偏要带着丑陋的一面出来呢？"

不得不说，林肯这一席话是让对方由攻转守所做的致命一击。在跟别的候选人进行联合游说时发生过这么一件事：

"想去天堂的人请举手！"竞争候选人冲人们喊。虽然有很多人举起了手，可是旁边的林肯没有举手。那个候选人为了刁难林肯，便对大家喊"林肯是一个没有信仰的人"。林肯回答道：

"各位，我现在不想去天堂，也不想下地狱。我想加入议会。"

听到林肯不失幽默而又恰到好处的一番话，群众一起欢呼起来，热烈地冲林肯鼓掌。幽默就是有这么大的魅力，它既能扭转局面，又能把周围的人逗笑，赢得好感。

　　直到今天，林肯依旧受人尊敬，其原因不只是因为他废除了奴隶制，还因为他用幽默展现了自己的人格魅力和强大的领导能力，这让他更长久地留在了人们心中，也受到了更多人的尊敬。

11

不是情况不利，而是心情不对

　　有一些情况一看就是无法挽回的。就拿足球比赛来说吧。刚开始双方比分为 1：1，比赛紧张激烈地进行着。突然，A 队选手射出的中程球破门而入，比分变成了 2：1。现在比赛只剩下 10 分钟了。着急忙慌的 B 队教练为了一次性扭转战局，决定让防守队员也投入攻击的队伍中。可是 B 队防守队员的不足反倒使比分暂时领先的 A 队士气大增，最终 A 队又进了一个球，比分成了 3：1。现在距离比赛结束只有 5 分钟了。B 队队员接连发生各种低级错误，甚至连控制球都出了错。B 队队员此时觉得比赛结果已经无法挽回了。此时，伴随着裁判的哨声，比赛结束了。A 队以 3：1 遥遥领先 B 队，获得了比赛的胜利。比赛结束的那一瞬间，B 队队员感受到的不是绝望，反倒是从比赛中解脱出来的轻松感。

　　如果足球比赛没有时间限制的话，别说比分是 3：1 了，就算是 7：1 或 8：1，结果也许会不一样。比赛中 B 队虽然整顿了战斗队伍，有可能跟

A队打成平局或扭转局势获得胜利，可那种可能性很渺茫。因为B队队员在后来的比赛中连连出错，这让A队队员察觉到对方面对不利的局势内心已经不淡定了，比赛的主导权瞬间转向A队队员。

不只是运动项目比赛，在男女关系、商务关系等关系到主导权竞争的情况中，处于劣势的一方会比对方更紧张。内心的这种紧张感会让自己出现一些平时不会出现的失误，这种失误还会导致一连串其他的后果，即紧张状态下出现的失误会助长对方的气势。

就拿对牌来说吧。一个欠缺实力的男子突然插入别人的对牌局，正在玩牌的人不知道刚出现的这个男人的实力如何，所以，他们一直警惕着这个男人。男人刚开始没做什么攻击，只是静静地玩着牌。然后，刚开始打牌不怎么样的其他人就开始赢了。这是在对牌局中经常出现的情况。

这个男人表现出不利于自己的状况（实力不足）的时候就开始出现问题了。当男人觉得已经很难继续维持刚开始的胜局时，他会神色慌张，出牌的时候行为也表现得极为不自然，精力不集中，有时会忘了自己的顺序，甚至还会犯一些低级错误，别人出大牌，他却出了张小牌。越是紧张越是出现这种失误，心里就越着急，只想着赶紧离开。当然了，他也有可能想着无论如何都要挽回局面。但是，跟他一起玩牌的其他人通过他的表现已经察觉到他的慌张，此后男子再想要颠覆结果可以说是难如登天了。因为对方掌握到这个男子水平一般的事实后，就会立即开始对他展开攻击。

在主导权的争夺中也是如此。在出现失误的那一瞬间，当事人和对方之间的关系就不再平等了。对方会开始觉得当事人比自己低一个层次，两者之间是上下级关系。

在拳击和格斗比赛中，我们经常能看到，如果有一方摇摆不定时，对方会比以前更有力、更有自信地对另一方挥动拳头。因为他已经意识到对方处于摇摆不定的状态，攻击的时候就更气势汹汹了。

因为诸如此类的失误陷入困境的人大部分都想快速扭转局势，越是这样就越紧张、焦急。这类人的这种心理被称为"飞蛾心理"。在赌博中输钱越多，下的赌注就越来越大，最终就跟破产没什么区别了。这种行为就像即使知道有可能会死，也要带着更大的期待飞向火中的飞蛾一样。

其实，在日常生活中，这种"飞蛾心理"经常能看到——只有通过说服对方才能赢得利润的保险公司员工或营销人员尤其如此。出去推销或者谈生意的时候，如果顾客的态度并不明朗，他们大部分都会着急。他们希望快点签约，快点谈成一单生意，不能拖延太长时间，最终忍无可忍，甚至会打断顾客的话，更热情洋溢地向顾客介绍商品，可是最终十有八九会告吹。

这是为什么呢？当然了，这有可能是因为打断顾客的话，让顾客觉得心里很不爽。可是，比起这个，更重要、更根本的原因是从顾客的立场来看，通过推销员焦急匆忙的模样判定对方是一个能力不足、不值得信赖的人。那么，应该展现给顾客什么状态呢？怎么做才能提高工作业绩呢？让我们一起从下面的故事中找答案吧。

日本富士电视台在2007年放映了一部很受观众欢迎的电视剧《峰女壁女》。女主人公青柳惠美因为平胸一直很自卑，可是她在百货商店的销售业绩却是最好的，是女包卖场很受认可的售货员。因为原本业绩就高，她深受领导的青睐，同时也遭到了同事的忌妒。同事们一直想不明白，平胸青柳惠美的业绩怎么会每次都是第一呢？

青柳惠美到底是怎么取得销售业绩第一名的好成绩的呢？那是因为她会根据顾客的不同相应做出不同的接待处理，同时，对不管是看上去很有可能买的顾客，还是看上去不太可能买的顾客，她都一视同仁。

当一位很有钱的中年妇人转悠着看各种女包时，如果是一般的售货员，很有可能会向这位妇人列举女包的各种优点。当妇人的反应不冷不热时，大部分售货员就会变得焦躁不安，更努力地向对方介绍包的好处。可是，在售货员的话还没说完之前，中年妇人就离开卖场了。推销失败。

可是，青柳惠美不一样。她并不急于向中年妇女推销女包。她了解到对方是为了填补内心空虚或满足虚荣心而逛街的事实，于是，她向中年妇女强调对方是一个很有价值的人，然后，找好适当的时机向其推荐限量版的女包。即让对方觉得售货员赋予了自己一种限定的资格，自己拥有了某种特权。最后，中年妇人肯定购买了高价的限量版女包。

但是，对那些刚走上社会的新手或想买一些随季女包的人就不适合用这种方法了。她们最关心的是实用性或必要性，因此，青柳惠美会向她们推荐一些价格比较便宜的过季或打折商品。最终她们当然也会购买，而且她们会对如此了解自己需求的青柳惠美产生信赖感，下次还会来找她。青柳惠美因为准确了解顾客的需求，所以不管遇到什么顾客，都不会像其他同事那样着急。

可是，青柳惠美当真一点儿都不着急吗？她也是有感情的人，有时候也会急得坐立不安。但是她绝对不会像别的同事一样把这种焦急的心情表现出来。这就是青柳惠美和其他同事最大的区别。

当顾客要求赔偿时，青柳惠美不只是一遍遍地对顾客说"给您带来了不便，我深表歉意"，她还会注视着顾客的眼睛，认真听顾客的话，并不时地点头回应。这时候重要的是不要慌，挺直腰认真听对方把话说完。相比于一直不停地弯腰致歉的低姿态，这种姿态反倒更能缓解顾客的心情。即使赔偿的额度很大，青柳惠美也不会改变自己的态度。因为如果连连向顾客说"对不起"，让顾客看到自己激动的样子，顾客就会觉得对方因为自己的行为受到了影响，反而会愈发耍赖。

当一些特别难缠的顾客提出赔偿时，青柳惠美的态度还会变化。她会使用"同伙"的方法。最基本的是对顾客说，"是啊""应该会那样吧"，更进一步的是迎合顾客的话："是""对""我也觉得是那样"。

有一次，青柳惠美对一个来要求赔偿的常客说"其实我也买了这个包包。正如您所说，这个包包什么都好，就是部分地方有缺点。我也跟您一样觉得不满，可是能怎么样呢？我是百货商店的员工，不能申请赔偿，真是快郁闷死了。"听了青柳惠美这番话，顾客满意地回去了。

从表面来看，顾客和青柳惠美之间的主导权在花钱买包的顾客身上。可是，从顾客又来找青柳惠美这一点来看，最终主导权已经转移到了青柳惠美身上。

在情况不利时，有些人想赶紧放弃，有些人想孤注一掷尽快扭转战局。可是，要想扭转战局不能靠那一拼。情况越是不利，就越不能失去重心。为了最终得到自己想要的东西，不管在什么情况下都不能乱了阵脚。那样对方才不会觉察到你已经处于不利的状况中。即使对方心里觉得自己处于有利的状况中，但是只要没亲眼证实，他就很难认识到自己掌握着主导权。最终，如果你不露声色，威风凛凛地应对，战局就会被扭转，也就能保有主导权了。

12
不要吝啬称赞

端庄文雅的郑惠在爸爸的制药公司顺利通过了试用期，成了爸爸公司的一名科员，现在拿着丰厚的薪资。郑惠的条件这么好，可她男朋友不仅从来都没工作过，还是个花花公子。熟人都表示不能理解，担心地问她："你到底是为什么要跟这种男人交往啊？""你要跟他交往到什么时候？再这么下去，你肯定要被那男的牵着鼻子走了。"每当这时，郑惠就只是反复回答"我很快就跟他分手了，别担心"，但还跟那个男子继续交往。

有一天，郑惠跟几个朋友一起出去喝酒，酒醉之下她说出了自己的真心话。虽然男朋友不成熟，也没有责任心，前途很令人担忧，可是她没法跟他分手。因为男朋友每天都会对她说好几十遍"你是世界上最漂亮的女人""你是世界上最性感的女人""在我眼里，只有你一个女人"。郑惠觉得世界上再也不会有第二个男人像他这样爱自己、称赞自己、认可自己了，所以她一直没想过跟他分手。听了她的这番话，朋友们还是不理解她。

因为爸爸总是忙于公司的事情，郑惠从小就没被爸爸妈妈好好关心过，更别说称赞了。所以她总是渴望被人关心和称赞。男朋友不管是多么没能力的花花公子，她至少能从他那里得到称赞，在她眼里，他就是一个骑着白马的王子。

郑惠的男朋友和她相反，他从小就被父母关心、疼爱着长大，习惯了向别人表示称赞和爱。更重要的是，他知道怎么称赞别人更有效果。方法如下：

首先，发出真心的称赞。加入感叹词："哇哦！""哇！""呿！"认真地盯着对方的眼睛称赞。不是出于真心，而是毫无诚意的过分称赞，很容易被对方认为是空话，甚至有可能让对方觉得自己被耍了。

此外，挑具体的内容称赞。比如，"你今天穿的牛仔裤板型真好看""你是我见过的身材最好的女人"，通过缩小称赞的范围，让对方切实有一种被称赞的感觉。像那种"你今天很漂亮"之类的泛泛的称赞，其造成的冲击力会降低很多。但是，对特定的行为或特定的部分进行称赞的话，别人更能感受到你的真心，然后愉快地接受。

在美国青少年棒球联合会受了很长时间的苦后，进入大型职业总会获得"金手套奖"等奖项的选手们，都觉得联合会时期的教练是自己成功的原动力。因为教练称赞说，"你很优秀，你肯定会成功的，你是最棒的棒球选手"，不断地给队员勇气，所以队员才得以更努力地练习。像这样，对给自己带来好影响的人，即经常称赞自己的人，我们总是心怀感激，毫不犹豫地站在他那一边。

有句话说："男人为了得到认可而活，女人为了得到爱而活。"这句话的核心词是"认可"和"爱"。同时获得两者的秘诀就是称赞。在公司里，业务能力下降、做每件事都不积极的人，十个中有九个是因为自尊心和存在感微弱，他们总是感到不安。称赞能提高他们的自尊心和存在感，让他们动力十足。

称赞并不只是对能力下降或被疏远的人有效果，即使得到足够多的家庭关爱的人，也会渴望得到别人的称赞。称赞就如同一剂魔法药，每个人都对其垂涎欲滴。

华人全球公司的亚洲地区物流部负责人杨经理因业务手腕高而出名。因为他总是在感谢别人的同时，对周围的人表示称赞。他从做课长的时候开始，每个季度结束时，都会以邮件的形式给相关部门的员工和客户写感谢信。去中国工厂出差的时候，总会带上表示感谢的礼物，跟工厂的员工一一握手，从不吝啬他的称赞。因为杨经理的这种举动，与其共事的人都说他是自己最好的同事兼伙伴。为此，收到他的业务协作邮件的负责人即使很忙也会首先处理他拜托的业务。最终，他的业务考核成绩每次都是最高分，40岁出头的他快速晋升成了亚洲地区整体物流的总经理。

每个公司都有几个业务能力出色的员工。请你回想一下那些员工。他认真工作想为公司做贡献，一方面是为了升职或拿更多的年薪，更重要的是为了得到上司的认可，被上司称赞。奖金红利只是附属部分，他更希望的是得到上司或同事的认可和称赞。

只要了解对方的需求，然后满足他就可以了。当员工取得了优异的工作成果时，不能只给予单纯的物质奖励，还要有感情奖励。不管在什么情况下，感情奖励都比物质奖励的效果好。如果对员工进行物质和感情的双重奖励，激励效果就会更大。受到称赞的员工为了回报称赞，下次就会更努力地工作。

虽然称赞别人能给自己带来很多好处，可是大多数人还是不习惯主动发出称赞。这有可能是性格的原因，但也有可能是因为认为太高估对方会让自己有种被压低的感觉。不过，你完全没必要担心这一点。当你满怀真情向对方表示称赞时，对方对你的好感和尊敬反倒会更高。

当然了，称赞也有技巧。不分场合、不分时间的称赞不仅达不到应有的效果，甚至反倒成为祸害。应该在合适的时机、合适的场合发出称赞。不管怎么说，夸张的称赞也比一点都不称赞要好。虽然说过犹不及，但是准确指出对方的错误后，发现对方值得称赞的优点便毫不犹豫地进行称赞，是过犹不及的例外情况。

称赞别人很重要，同样，接受称赞也很重要。当被不亲近的人称赞或者被平时不怎么擅长称赞的人称赞时，你也许会吓一跳，心想："这人怎么了？"并且一般会礼节性地做出反应说声"谢谢"。有时候还会谦虚地说："哪里哪里……"甚至还会拒绝称赞，回答说："哎哟，没有啦。"试想一下，当你真心地称赞对方，而对方的反应却不冷不热时，你会怎么想？发出称赞的当事者一般都会觉得很不自在，跟对方的关系也会疏远。此外，即使下次有机会称赞对方，也很难开口了。所以，如果别人称赞你的话，请高兴地说一声"谢谢"吧！面对你的积极的反应，对方会觉得很开心，每当有机会时就会称赞你。

在这里，我还要补充一点，那就是对称赞做出反应时，自然的、下意识的反应更有效果。我认识的一个英国朋友奥缇对别人微小的关心也会表示感谢和称赞。有一次，在高尔夫球场，员工称赞他"您的高尔夫球鞋真帅"时，他立即回答说"您真是太亲切了"。刚开始我觉得他太夸张，后来跟他相处时间越久，越发现他对"亲切"的这种反射性"亲切"让很多人更想称赞他，对他的好感也就随之而来了。

其至连动物也会对称赞做出积极的反应。这一观点可以用宠物狗的排便训练过程为例来说明。众所周知，训练排便的方法是：让小狗知道排便的场所后，每当看到它在那里排便时，就予以称赞和奖励。对它的称赞的感情鼓励是指对其进行抚摸等肢体接触，而物质鼓励是指给它零食吃。这种训练只要重复五六次，小狗就会只在固定的地方排便。这时候，小狗并不是觉得"这里就是厕所啊"，而是觉得"在这个地方排便会得到称赞啊"。

世界级音乐家雷·查尔斯之所以能成功，他的经纪人兼行政业务助理乔可谓功不可没。乔总是在演出前毫不吝啬地称赞查尔斯"你是最棒的音乐家"。此外，在舞台拉开帷幕之前，总是介绍说："下面有请世界最棒的音乐家查尔斯出场！"使查尔斯拥有自信，集中精力于自己的音乐灵感中。查尔斯克服了视觉障碍和毒瘾，在种族歧视极为严重的20世纪50年代推出了无数首热门歌曲，被人称为"最棒的音乐家"，这不得不归功于包括乔在内的周围人的称赞。

有句话说"称赞能使鲸鱼跳舞"。比小狗或鲸鱼的头脑构造更为复杂的人类肯定对称赞更为敏感。所以，即使是很小的事情，请不要吝啬你的称赞，接受别人称赞的时候，也不要忘了高兴地回应。

13

好东西跟坏东西做比较时更耀眼

关系的主导权不只是通过权威得到的，还可以利用混乱的状况掌握主导权，即对比效应。

对比效应（Contrast Effect）是人类心理状况的一种表现形式，由英国哲学家约翰·洛克（John Locke）命名。对比效应是指当对方想要得到 A 时，如果把不如 A 的 B 一起拿出来的话，对方会觉得只要得到 A 就满足了。同时看两个对比色的时候，会感觉两种颜色的浓度更深，也是同样的道理。

这种对比效果在特定的状况下也能被巧妙地灵活运用。就拿乔治·克鲁尼主演的影片《在云端》（*Up in the Air*）来说吧。影片中，乔治·克鲁尼作为一个外派的人事调停委员，在公司内部做出人事决定后，他要与员工单人会面，通知其是被解雇还是被降职。做这项工作，他总是听到下面这些话。

"我在这个公司辛辛苦苦奉献了 30 年，竟然落到如此下场！"

"我的生产业绩是第一，公司怎么可能解雇我？是不是有什么内部阴谋？好！不在这种公司上班也罢。"

"我实在是想不明白为什么要辞退我。我该怎么向家里人交代啊？"

被通报解雇的人大部分都接受不了事实，表现得很激动。这时候，乔治·克鲁尼温和地说：

"我知道了。我特别照顾你，把解雇改成降职，希望以后咱们再也不要见了。"

听到这番话，对方的反应如出一辙：

"哦，上帝！真是太感谢您了。您会万福的。"

起初，乔治·克鲁尼应该通知他们的人事决定结果并不是解雇，而是降职。他知道对方也许会对这种结果失去理智，情绪激动。为此，他运用"对比效应"心理，即用降职和解雇的对比效果，使对方听了降职的坏消息也觉得挺幸福，并欣然接受。

我曾听说一个男子有约会成功秘诀，他曾跟好几百个美女约会。那个男子的长相就跟怪物史莱克差不多，口才和打扮也不怎么样。看上去他没什么悟性，也没固定的工作和财产。听说这种男人勾引女人易如反掌，我觉得特别好奇。

可是，他的约会成功秘诀却出奇的简单。首先，拜托比自己丑、俗气、没风度、口吃又拙笨的朋友去周旋约会。相反，不让比自己长得帅、口才好、干练的朋友出现在约会现场。当女子把他和长相丑、俗气、没风度、口吃又拙笨的周旋者进行比较后，会判定"这种程度还不错"。这就使用了对比效应。

像这样，对比效应会促使对方产生错觉。主导权的核心在于能否按照自己的意愿取得想要的结果。即使对方女子跟约会的男子见过几次后觉得"我是被骗了，才跟这个男人交往的啊"，但继续交往下去的主导权已经掌握在男子手中了。

　　人最容易变幸福的方法也许就是通过跟别人比较而感受到的优越感。这也是一种对比效果。人很容易被处于对比优势时的幸福感所迷惑，即使自己不是富人，也会买价格昂贵的名牌衣服打扮自己，甚至还会买那种在韩国不能随意到处开的跑车。

　　但是，如果使用对比效应的主体不是你而是对方的话，会怎么样呢？换句话说，当你是被利用在对比效应中的时候，怎样才能做出正确的判断呢？方法就是忽视被对比的一切条件，尽可能把精力集中在对方身上。应该周密地观察对方的特征和长处、短处，以及现在状况、发展趋势。但是，事前没做足这种训练的人，很容易把精力放在对比的对象上，被对比效应利用。

　　有一次，一个朋友在一家高级酒店因为酒价跟服务员吵起来了，双方争执不休，这个例子就能证明上述观点。据说，醉了的朋友看着195万韩元的结账单，气愤地问为什么会这么贵，还让服务员叫来社长，引起了一阵骚乱。社长听完他的话，道歉说"一定再重新算一遍"，就急急忙忙出去了。没过一会儿，服务员身上的对讲机响了起来。

　　"2号客人，2号客人是175万韩元！175万韩元！"

　　对讲机那边传来社长的声音，那声音大到朋友和旁边的服务员都能听清楚。听到降了20万韩元，朋友立刻高兴地拿出钱包，他稍微想了一下，又问：

"175 万韩元？真的是 175 万韩元吗？咱们一起去收银台确认一下吧。"

服务员又把朋友的话传达给了社长，过了一会儿，社长拿着详细的收据一边给那位朋友看，一边郑重地道歉说："是 115 万韩元。对不起，算错了。"

那个朋友在酒店喝醉后，老板以他为对象，刚开始故意说是 195 万韩元，当朋友提出质疑后，他又说是 175 万韩元。其实，这位老板是在运用对比效应术。但问题是就连 175 万韩元的价格也是抬高后的价格。很多客人会忽视这一点，只觉得 175 万韩元比 195 万韩元少了好多，会误认为自己讨价还价成功了。这个朋友没有被酒店的花招蒙骗，最后把价格降到了 115 万韩元。

跟对比效应相对的是启动效应（Priming Effect）。所谓启动效应，是指前面接受的信息影响到后续对某个信息的加工。比如，如果你在去吃牛排之前看到一只小狗可怜兮兮地一瘸一拐往前走，你心里会有什么反应？也许，想吃牛排的心情会瞬间消失，或者至少很难高兴地吃牛排了。

有一个关于启动效应的实验。把被测试者分成两组进行测试，给其中一组看跟安全飞行旅行相关的报道，给另一组看关于昂贵油价的报道。最后，给两组看相同的汽车广告。即使看的是相同的汽车广告，两组的判断却截然不同。看安全飞行旅行报道的一组觉得广告中出现的汽车安全性能很好，而看昂贵油价报道的一组却更担心汽车是否会消耗很多燃料。最终，前面肯定的信息使当事人对后面出现的信息进行肯定的评价，而前面否定的信息使当事人对后面出现的信息进行了否定的评价。

如果想在人际关系中掌握主动权，就有必要灵活运用这种启动效应。比如，跟没见过面、只是通过电话建立良好关系的客户见面时，虽然对方跟自己的关系已经很亲密，可因为是第一次见面，所以有必要穿上正装，好好地打扮一番。如果觉得关系已经很亲密，随便穿件衣服去就行，因为启动效应的作用，对方对你的印象会大打折扣。对相处了很久的恋人求婚时，在音乐轻快、氛围明朗的地方见面，然后去稍微隐秘、氛围浪漫的地方告白更有效果。这是同时使用对比效应和启动效应的战略。如果直接去隐秘的地方，对方的浪漫感会降低。

14
拥有个人魅力的四大条件

　　"个人魅力"这个词语来源于基督教，意思是"神赐予的特殊能力"，即个人魅力是耶稣基督给人的一种恩宠。而在现代社会，"个人魅力"这个词被解释成"压倒对方或大众的能力或资质"。德国社会学家马克斯·韦伯（Max Weber）认为，个人魅力是大众群体对某人所拥有的某种才能或力量予以信任而产生的。也就是说，展示自己压倒对方的才能或力量会让对方觉得你是一个拥有充分魅力的人。但是，现实并非如此简单。单纯用压倒性的才能或力量并不能成为对方眼中有个人魅力的人。除了这种才能或力量，还要有好多种其他的要素才会被认为是"有个人魅力的人"，别人才会觉得值得把主导权让给你。我们一起来看看拥有个人魅力需要具备的四大要素吧。

　　第一，保卫对方的专有领域，即隐私。以恋爱为例，如果第一次见面，男子就问对方女子的初恋或初吻，或试图与对方发生肢体接触的话，很可能会遭到拒绝。因为男子侵犯了对方的隐私。

专有领域分为有形的专有领域和无形的专有领域。初次见面的男子试图与对方发生肢体接触，相当于侵犯了对方有形的专有领域。相反，询问对方的初恋或初吻，对对方个人的秘密或不想谈论的家事、跟其他朋友的关系刨根问底，则相当于侵犯了对方无形的专有领域。

时间久了，关系变亲近之后，这种有形和无形的专有领域就会自然而然地成为和对方共有的领域。但是，初次见面的人要想侵犯这一领域的话，就会被对方认为是失礼，从而遭到拒绝。对方甚至还会发出警告，发动对自己专有领域的保护本能，对这个人予以否定，并再也不想见他了。要是事情真的发展到这个地步，两个人之间的关系就很难恢复了。

相反，如果能保护对方的专有领域，维持彼此之间的关系，总有一天对方会对你产生不满，冲你抱怨："你是不是对我一点都不关心啊？"通过你的表现，对方断定你是一个能保护她（他）的专有领域、尊重她（他）的人，现在对方反倒希望你来侵犯自己的领域了。像这样，刚开始对对方的专有领域表示尊重，对方会更迅速地对你产生好感，更迅速地敞开心扉。最后，对方会不由自主地追随你，觉得你是一个有魅力的人。

第二，应该明确自己的判断标准。请观察一下周围。那些觉得"什么都好""什么都行"的人，或者不做出决定、"你尽管看着办就行"的人，很难让别人感觉到他的个人魅力。有个人魅力的人在既定的状况下应该有明确的判断标准，而且应该有决断力，而判断正确与否并不重要。人人都想看到自己希望的事情发生。所以，当感觉到对方表现出来的判断标准明确时，会被那种明确感压倒，不管对方的判断正确与否都随他去了。

有这么一则有名的奇闻趣事：穿越阿尔卑斯山时拿破仑觉得爬错了山，对士兵们说"好像不是这座山"。如果拿破仑平时没有自己坚定的信念和判断标准，说不定很多士兵会因此内心发生动摇，再也不会相信他，更不会跟着他走到最后了。但是，士兵们都很了解拿破仑明确的决断力，即使他发生了失误，他们也不会动摇对他的信心。

明确的判断标准很重要，判断速度也同样重要。拿破仑并没有让士兵们在爬错了的高地上停留两天，拖延时间思考接下来应该怎么做，而是马上决定既然爬错了就赶紧下去。这时候的他更显个人魅力。判断下得越快越好。当然了，并不是说快就一定好。我说的是应该根据明确的标准，快速下决定。那么对方会感觉到你的个人魅力，依靠你，将主导权让给你。

虽然并不是说判断标准明确的人一定值得信任，但是可以确信的是只属于自己的判断标准并不是一朝一夕就能确立起来的。拿破仑也是通过无数次走弯路和失误的体验才能领导士兵。所以，从现在开始直到树立自己的判断标准之前，请好好思考、认真练习吧。随着时间的流逝，你一定会成为一个有魅力的人，从某一个瞬间开始感受到对方信赖自己的判断时的满足感。

第三，不着急。如果情况危急，快要被对方逼着让出主导权的话，任何人都会觉得紧张。即使如此，也不要让别人看出你紧张的心情。让对方看到你咬手指甲或腿打战、坐立不安等行为不会帮助你扭转局势。当人紧张不安时，会抓脖子、后脑勺、鼻梁等部位或者身子倾向对方。这只会给对方提供抓住自己破绽的把柄。

越是着急，越应该让对方看到自己悠然自得的样子，靠在沙发背上或跷着腿都是不错的选择。对方觉得局面已经倒向他这一方了，他会抑制不住满满的自信，很想赶紧结束比赛，取得胜利。这时候，你如果让他看到你悠然自得的样子，他就会更着急。当对方觉得他很可能会获胜的时候，你如果不动摇，反倒悠然自得的话，对方的心里会产生压力，觉得游戏的结局有可能会被扭转。从那一瞬间开始，时间拖得越久，对方会越着急，即对方和你的立场改变了。对方心里越来越着急，很容易犯决定性的错误，这时候千万不能错失机会，一定要压制对方，取得游戏的胜利。

比分是 1∶1 时，不管摸到多么差的牌也一定会有扭转战局的机会，这就是 1∶1 游戏理论。无论对方有多强，无论你现在处于多么不利的状态，请不要忘了随时都有可能扭转战局。

此外，在主导权已经完全被夺走、输了的情况下，也不要表现出内心的焦急。沮丧、激动的模样不仅不好看，而且会让对方觉得你是一个连自己的感情都控制不了的人，会把你归为很容易打败的一类。

影片《教父》（*The Godfather*）中的黑手党首领面对对方强势的挑战，总是沉着冷静，不失风度。即使有把枪对在他的脑袋上，他也不会露出慌张害怕的神色。我一直记得他不管在什么状况下从不着急、总能控制住感情的样子。可以说，他是一个值得大家学习的在危机瞬间展现个人魅力的好典型。

第四，应该懂得准确提出展望和道义。换句话说，也可以称之为"想象说服"。所谓想象说服，是指通过提出最大限度的意义，使对方陷入想象中，予以说服的方法。这是国家领导人经常使用的方法，他们一边提出展望和道义，一边把国民带入充满希望和想象的世界，最后说服国民按照自己的意思行动。即使不提供看得见的利益，只要通过展望或道义的提出就能有效宣传自己的形象，最终成为一个一直有个人魅力的领导人。

展望和道义并不只适用于总统等位高权重的人。假使一位中产阶级家庭主妇去了高档品牌商场，卖场员工应该向她提出什么样的展望和道义呢？如果做出"穿上这件衣服，您老公会觉得您更漂亮，夫妻关系会变得更好"这种展望，表现"您既要抚养孩子，还要照顾老公，受了这么多苦，买这点东西完全是理所应当的。您老公也会这么想的"这种道义的话，就足够了。这种说服会让对方陷入一种幸福的世界里，让她打开钱包买这件高价连衣裙。

个人魅力强的人不谈论现在，他们擅长提出未来的目标。不管对方是一个人还是一群人，能明确地提出展望和道义，有说服别人的能力，这才是个人魅力的核心。

引领韩国金融界的大佬们爱开的汽车、爱穿的西服、经营企业的方式都有着不同于外界的个性。可是，不知道为什么总觉得他们在某些地方是一样的。准确的表达、甘受损失的闯劲、勇于开拓的挑战精神等，这种极富个人魅力的特点就是他们的共同点。此外，他们都会通过明确提出企业发展的方向，让员工们充满自信和动力。因为他们具备了上面提到的个人魅力条件，所以能成功地经营公司。

如果具备了个人魅力的四个条件，你也会成为一个受很多人支持的魅力十足的人。但是，最后还要铭记一点：不能把个人魅力看成是权威性的东西。当你降低自己、抬高别人的时候，个人魅力才会具备最高的价值。此外，如果你平时把球传给周边的人，但出问题的时候自己站出来承担责任的话，你的个人魅力会得以巩固。

15

节制之铠甲，骨气之刀，责任之盾牌

公元前18世纪，多利亚人在埃夫罗塔斯河西岸建造了一座古希腊城邦，这就是斯巴达。斯巴达标榜彻彻底底的军国主义政治，认为人们生活中的艺术和哲学没有用，把所有的力量全都放在锻造强大的军队上。影片《300》可以证明这一点。影片中的斯巴达男子从小就开始接受严格的军事训练，如果强悍就能活下来，如果落后就会被抛弃。在今天，我们还会把残酷的教育体制称为"斯巴达式教育"，从这一点不难看出当时的训练过程是多么残酷。经过这种训练的斯巴达战士被称为"战争的野兽"，连战连胜。他们使用的战术就是方阵战术。影片《300》中抵御百万波斯大军进攻的国王说过，"我们就像一个盾牌一样移动着战斗，这就是我们力量的源泉。"这就是方阵战术。

所谓方阵战术，是指把圆圆的盾牌聚集在一起，组成一个巨大的大盾牌形状，后方拿着长矛对敌人展开攻击的战术。攻击大国波斯时，斯巴达联合军之所以能取得胜利也是得益于这个战术。但是，这里还有一点不能忽视，那就是铠甲、长矛和盾牌。很多人只会注意方阵战术和斯巴达训练的名声，忽视了这些基本武器的重要性。不管是多么好的战术，如果武器不充足，也不能发挥战术的作用。从这点来看，应该说在战争中真正发挥作用的是铠甲、长矛和盾牌才对。

人与人之间进行的主导权之争跟战争也没什么区别，即如果我拥有的基本武器很充足的话，就有可能像斯巴达的军队一样连战连胜。这时候，所谓的基本武器当然不是铠甲、长矛和盾牌等物质性的武器，而是指心理上的武器。那么，为了抓住主导权所必需的基本武器是什么呢？下面，就让我们按照顺序看一下在争夺主导权中取胜的基本武器吧。

首先，在主导权之争中，相当于铠甲的武器是克制感性判断。人总是容易感情用事，做出一些错误的判断，最具代表性的例子是先入为主的偏见。比方说，断定脸长得丑的人性格差，会做坏事。这就是在通过人的外貌对其品质妄做定论，是一种错误的感性判断。如果能丢掉感性判断，稍微进行一些理性思考的话，也许会发现粗陋的性格或不好的行为是通过言语或行为表现出来的，而不是通过脸表现出来。

像这样，不以理性和伦理性的推断为根据，依靠直观感觉或感情陷入判断误区，在心理学上称为"启发探索"（Heuristic，在没有明确的线索时使用的简便的意愿决定的方法）。

大多数人会觉得对某种问题进行理性思考很累，习惯于根据直观感觉或感情解决问题。所以，很容易感性地做出判断，然后将其合理化。"别人做是乱伦，我做是浪漫"这句话也是同样的道理。

这种感性的判断失误在商务关系中也经常出现。根据对方的长相、毕业学校、穿的西服、戴的手表、开的汽车等对其进行判断。即使是跟会议目的完全无关的东西，也会按照自己的喜好进行解释。为此，很容易陷入误区，自我损害。即使理性思考很费神，也应该更冷静地思考，只有这样才不会陷入误区，做出正确的判断。只有做出正确的判断，才能掌握主导权。

其次，是相当于刀的基本武器——让对方看到自己不好对付的模样。所谓不好对付的模样，是指不轻易、不着急下结论的模样，即摆脱"好就是好"的思考方式，让对方感觉到你难对付而又慎重地做出判断的样子。

我以前曾在一家电子公司上过班。因为一个新交易，我和某公司的负责人一起吃晚饭谈生意，没想到在食物里吃出一个异物。我不顾服务员的道歉，执意让他喊来了总经理，强烈要求赔偿。当时我们公司应该向对方公司交货，所以如果把对方惹得不高兴了对我们没什么好处。另外，因为这么一点小事儿提出赔偿可能会让一起吃饭的其他人觉得很失礼，所以其实我可以装作不知道蒙混过去。但是，我就是想在吃饭过程中加入一些小插曲，让对方知道我不是一个好对付的人。

以那件事为契机，对方负责人认识到我是一个难对付的人之后，说要埋单，还要去除甲方应该给乙方行使的普遍性权利，我们之间的关系反倒比以前更好，商务合作也得以持续。但是，如果老是让对方看到你难对付的模样也不行。就像在新兵教育大队接受训练时，短暂的休息会让人觉得很幸福一样，你在展现难对付的一面的同时，偶尔也该让对方看到你随和的一面。那时候，对方会觉得自己好像受到了很大的恩惠一样。

最后，是相当于盾牌的基本武器——不逃避责任。环顾周围，经常会发现一些把责任推给别人或极力逃避责任的人。逃避责任有可能暂时躲过某些状况，可是最终只会让自己的处境更糟糕。

我从朋友那里听到这样一个故事。他每周参加一次志愿活动，给贫困家庭发放大米。可是有一天他发现跟自己一起做志愿者的小张每次都会偷偷带少量大米回家。负责志愿者活动的组长知道后，刚开始觉得他做志愿者活动也不容易，拿点米也没什么。可小张丝毫没有收手的意思，于是组长把他喊过去劝告他说：

"咱们都是想做志愿者才聚起来的，我希望你能老老实实地做志愿服务，就算最后大米有剩余，你自己拿走也是不对的。"

没想到小张竟然回答说：

"拿大米？我怎么听不明白您在说什么啊？"

到最后，小张意识到自己的谎言再也瞒不下去了，从下次聚会开始，他就再也没出现过。

就像别的志愿者一样，小张刚开始应该也是怀着一颗纯洁热忱的心参加志愿活动的。也许他觉得比起自己付出的这一切，拿点大米也算不上什么大事。如果他勇于承认自己的错误，并表示无论如何都会为自己的行为负责的话，组长和同事们也会理解并接受他的失误。可是，他到最后还在回避责任，结果在过去一年所做的志愿活动就被认为是为了拿米。因为一点米，一年的辛苦白费了。

投资赔了钱的新手十有八九会觉得是自己运气不好，别人肯定用了卑鄙的手段。但高手在怪罪别人之前，绝不会忘了审视自己，即当发生不好的状况时，我们应该审视自己，有勇气承认自己的错误。对方会为你的勇气鼓掌，看到你那充满勇气的样子还会退缩。这时候本来在对方手中的主导权就又重新回到你手中了。为了不被对方控制，不能着急掩盖自己的错误，应该让对方看到你善于审视自己的性格和勇于承认错误的勇气。只有这样，才能在主导权争夺中获胜。

成功人士的共同点就是忠实于基础。不管在什么领域，不管在什么情况下，只要把基础打好，就能做到毫不动摇地做好自己分内的事。为了熟悉并习得这种基本武器，需要持久不断地努力。心理武器尤其如此。

高手是指技术能力突出的人（Master，Master Hand）、招数多的人、有高超手段的人，也就是说在某一领域习得了高水平的招数，能技压群芳的人。这种高手一般都有很好的心理武装。如果你看过 20 世纪 70 年代成龙出演的武打片，应该会知道成龙的师父一直强调要想成为技压群芳的高手，就得具备强大的心理武装。刚开始成龙没能理解师父的意思，心想只要练好武术不就行了吗，心理武装有什么重要。随着训练的深入，他的武术实力越来越强，也慢慢领会了师父的意思。好的心理能掌握整个局势，在斗争中掌握主导权，在关键时刻发挥武术实力，打倒对方。

心理武装是掌握主导权的基本要素，也是成为高手的核心要素。就像建高楼需要打地基一样，要想在人际关系中获胜，就得充分习得前面提及的三种基本心理武器。

16
揭穿弱点的三种测试

"这是萨拉·杰罗尼莫（Sarah Geronimo，菲律宾歌手兼演员）作为一起吃饭的纪念送给我的礼物。"

如果演员 K 这么说的话，我也许会相信。可是他却说了下面一番话。

"我经常和家人一起去夏威夷旅行。今年夏天我们又去了夏威夷，因为我在那边有一个很亲的熟人。他跟我说著名的菲律宾歌手萨拉·杰罗尼莫来了，要介绍我们认识，所以我们一起吃了晚饭。吃饭的时候，萨拉·杰罗尼莫说要把戴的发带送给我们作为共进晚餐的纪念。"

这是演员 K 在参加某电视节目玩游戏时说的一番话。游戏的规则是寻找真带着自己东西来的人。演员 K 用了先准确地说明绪论、后提出核心的方式，用了不擅长说谎的新手最典型的对话模式。他为什么用这种方式说谎呢？因为他觉得先说明、后提核心会提高可信度。

在日常生活中很多人都会用这种方式说谎。熬夜后凌晨 5 点才回家的丈夫对怒气冲冲的妻子说：

"我本来想下班，没想到忠烈来了电话！他的口气听上去很沉重，原来是父亲去世了。我立即赶往富平吊丧。正好郑敏也来了。我们一起喝了杯烧酒，本来想随便聊聊就回家的，没想到在万又来了。结果，我们三个人就开始玩100块的花图游戏……玩着玩着就晚了……对不起，老婆！！！"

上面这番话跟演员 K 正好相反，后续很长，就像一个冗长的理由一样。为了增加核心内容"吊丧"的可信度，对其进行了一系列的解释说明。附加解释说明是想不让自己的谎话露出破绽。如果丈夫真的去吊丧了的话，是不是应该如下所述呢？

"忠烈的父亲去世了。家里也没几个吊唁的人，太清静。他心情不好，我就陪他喝了一杯，就拖到现在了。"

他会这样向妻子简单地说一下核心内容。因为确实去吊丧了，所以没必要故意增加可信度。

我第一次注意到这种谎话模式是在 14 岁的时候。某一天，我在上学的路上，看到一些在学校门前发传单的男人。

"帮你跟女学生们一起出去旅行，还赠送能窃听的收音机哦！"

我和朋友们都很好奇，跟在男人们后面去了学校附近的一个集合地。已经有很多学生聚集在那里了，大体估算一下得有六七十人。没过一会儿，站在台上穿着衬衫、正装打扮的男人拿起麦克风，马上把我们诱惑到了一个想象的世界。男子说了有 40 分钟之久，他告诉我们一些跟女学生们一起去旅行会体验到的眩晕感和兴奋感，还告诉我们能用赠送的收音机偷听隔壁女人隐秘的私生活，除了这些，另外还会送写字垫板或扇子，我们可以送给女朋友。听了这番话，朋友们开始动摇了，我也有抑制不住的兴奋。末了，男子说要想得到这些礼物，得买英语教材录音磁带。这个附加条件丝毫没让朋友们觉得失望。我们那时候都是些不明事理的孩子，最重要的是当时已经被男子冗长的绪论忽悠了，所以觉得比起旅行或窃听收音机、免费礼物来，买个录音磁带根本就不算什么。所以，大家都没对男子说的条件提出异议。

录音磁带的价格是 1.5 万韩元，当时一碗炸酱面也就卖 2 000 韩元，这么说起来，1.5 万是个不小的数目。我在没有得到父母允许的情况下，用直接转账的一次性付款单支付了 1.5 万韩元。但是到最后我也没跟女学生们去旅行。作为礼物收到的窃听收音机是个便宜货，根本就收不到台，没过多久就出故障，被我扔垃圾桶里去了。最终，当时人气歌手宣传的写字垫板和英语教材录音磁带留了下来。

那时候，我对这件事记得很清楚，并不只是因为买了一些没必要的东西觉得丢人，而是因为那是我第一次目睹别人行骗。我心里有种莫名的恐惧，那种被别人背叛的感觉至今还清晰地留在记忆中。

人们为什么要用这种方式说谎呢？就像前面提到的那样，最大的原因是为了增加谎言的可信度，通过冗长的说明为自己找到一种心理安慰，以保护自己。

一般情况下，人在说谎的时候会担心谎言露出马脚。一不小心这种不安的情绪就会通过表情和肢体语言表现出来，谎言也就泄露了。相反，通过冗长地叙述绪论和结论的方式说谎的人一般表现得比较义正词严，因为他们相信有如此充分的绪论和结论做依据，谎言是不会被拆穿的。所以，就会不自觉地陶醉于自己编造的谎言中，信心满满地论证谎言。有时候，他们甚至还会因为过分自信而添加肢体动作，或者皱眉头、嘴巴张得很大等，以此来掩盖自己的谎话。他们自认为编造了一个非常完美的谎言。

大部分人为了得到心理安慰，会用添加冗长的说明的方式说谎。那些当出现问题时不能正面应付，想要小手段逃避的人更是如此。这是他们在不利的状况下保护自己的本能反应，相当于一种防御机制（Defensive Mechanism）。

可是，有些人很容易被这种小手段骗住。如果想不被这种小手段蒙骗的话，应该怎么做呢？请记住下面三种方法。

第一，观察对方的心有多么浮躁。那些附加绪论和结论说谎的人，说的绪论和结论越长，就越容易不自觉地激动。因为他们自认为已经提出了很不错的证据。人在说实话的时候是不会激动的。说实话时激动的情况只有以下几种：事实情况令人愤怒、抱怨、自责等。除此之外，基本没什么可激动的。所以，如果正在说话的他很激动的话，那很可能是在说谎。

第二，认真分析对方说的这番话，看看核心内容和解释内容各占多少。14岁时听的那段话中，我只要掌握"得购买英语教材录音磁带""价格是1.5万韩元"这两条信息，观察对方为了修饰这个核心内容费了多大劲就可以了。修饰语越夸张、越多，说谎的概率就越高。

第三，如果这样还是做不出判断的话，就拖延时间提出反对意见，或者故意装作已经察觉出事实了。一般人在耍小手段的时候不会事先做好完美的计划，大多想着赶紧把谎话瞒过去。这时候，不要直接接受对方的提议，如果提出"要再仔细考虑一下"的话，对方会觉得好像自己就要被拆穿了，内心会充满恐惧。这时候，如果你偶尔做出一些已经觉察到事实的表情，对方会有心理压力，会开始隐瞒自己的手段甚至放弃。

对耍手段的人只要躲开他们就可以了。但是如果不得不跟他们争夺主导权的话，最好用上面提及的第三种方法，即让对方自己觉得很累或受到良心的谴责就此收手。只有这样，对方才会接受失败，再也不会对你耍手段。如果到最后一刻对方也没表现出要放弃的意思，你就应该果断退出争夺主导权的战斗，最好以后再也不要跟这个人来往。

耍手段的人做事不光明磊落，胆小怕事，所以时间拖得越久，他们做事就越可耻、越幼稚，跟这种人争夺主导权没有任何意义。争夺主导权的前提是为了维持双方的关系，跟那种人维持关系纯属浪费时间和精力。

请你一定记清楚，只要活在这个世界上，人际关系就会一直不断更新，跟你打交道的人也会越来越多。所以，没必要在耍手段的人身上浪费不必要的时间和精力。就像格言"着急的话就回去吧"一样，为了遇到适合自己的好人，有必要果断、勇敢地忽视那些耍手段的小人。

8岁的小菲利普生活极为不幸。爸爸是个酒鬼，很久之前就离家出走了。妈妈痴迷于宗教，已经很久不照顾家了。小菲利普特别渴望自己能像小伙伴们一样跟家人一起过平凡却又幸福的生活。突然有一天，越狱犯布奇因为一起越狱的同伙杰瑞的失误，把小菲利普当成了人质。可是，布奇看到小菲利普可怜的样子，想起了自己的过去，于是跟小菲利普做了朋友，两人一起开始了如同旅行式的逃窜。但是，警察和其他人都认为是越狱犯劫持了小菲利普。随着时间的流逝，布奇和小菲利普之间慢慢形成了一种近似父子的不寻常感情，他们制作了一个"父子愿望清单"，开心地驾车出游，穿万圣节的衣服，两人都觉得很幸福。从没得到过父爱的布奇和小菲利普已经不再是越狱犯和人质的关系，他们成了互相抚慰伤口的朋友。这个故事就是1993年上映、由凯文·科斯特纳主演的影片《完美的世界》（*A Perfect World*）的内容。

像布奇和小菲利普一样，如果我们也可以跟某人互相抚慰伤口，互相依赖，那该有多么幸福啊！就像布奇能一眼看穿小菲利普的伤痛一样，如果我们也能一眼看穿某人的伤痛，某人也能一眼看穿我们的伤痛，那该有多好啊！可是，现实与影片是不同的。在现实中一眼看穿对方很难，需要时间慢慢地、分阶段去了解对方。再加上大多数人因为防御不安、老实过头，不想暴露自己。这里所谓的防御不安，是指认为如果把自己暴露给对方的话，对方会做出任意的判断，甚至对此产生误会，最终会讨厌自己的心理，即认为我的弱点会遭到对方的厌恶或攻击，倒不如不暴露弱点，与对方保持距离、防御对方更好。所有人都会有这种心理，这是人的本能。

　　那么，如果对方因为这种心理在你们之间竖起一堵墙的话，你应该怎么靠近他呢？方法就是先公开你自己的苦闷或弱点。有句话说"分享使快乐增倍，使痛苦减半"，先说出你自己不想被人知道的苦闷吧！这有利于你看到对方的反应，对方还有可能对说出隐私的你产生好感。最重要的是，这能缓解对方心中的防御不安，说不定他还会跟你说出他的苦闷。

　　开始倾听对方苦闷的时候很重要。用心去感受对方的痛苦会让你和对方的关系更深入。所以，当对方说出自己的苦闷时，不要单刀直入地说出自己的主张，语气也不能太强硬。应该温柔地说出自己具有说服力的想法，就像给小孩洗澡时一样小心翼翼，这会让对方觉得他被你关怀和保护着。如果用一定的伦理让对方接受你的理论，对方很有可能跟你得出相同的结论。如果对方按照你的计划得出了跟你相同的结论，这时候你应该鼓励对方的决定，给他勇气和自信心。对方肯定就把你当成自己人了。如果你再跟他讲一下经验，就能跟对方达成共识。

如果面对自己的经验之谈，对方会点头说"是，你说得对""要换成是我，估计也得那么做"的话，你可以相信你们之间已经形成了某种共识。但是，如果对方没有反应或表情看上去很无趣、麻木的话，你就得重新检查一下自己传达的方式是否有问题了。

正如"有代沟"这一说法一样，年龄阶段不同，同感的程度会不一样，受生活环境的影响、各自重视的东西也不一样。不管是多么好的经验之谈，也不可能适用于所有人。为此，所谓好的经验之谈，是指适合对方眼光的经验之谈，适合现在状况的经验之谈。

老人们经常跟年轻人说"我小时候……"，这就不会形成同感。因为这跟现在的状况不相符，也跟年轻人的标准不相符。要想得到年轻人的同感，应该用他们的语言一起分享他们的快乐和痛苦。

如果你看不到对方同感的样子，那肯定是因为对方把你的话当成了说教。学生时代早会期间校长的训话每次都很出彩，可是没人能记住其中的内容。回想当时的情景，包括我在内的大多数人，要么用鞋子在操场上乱画，要么脑子里想着一些乱七八糟的东西，看着远处的山。不管是多经典的话，如果传达方式不合适，就只是白辛苦而已。

不能讲以自己的经验为基础得出的理论。那种话只不过是说教，没什么意思，只会让对方觉得好像自己受到了指责一般。在讲自己的经验时，就好像讲影片中的故事一样，而不是讲理论。那时候，你应该是觉得自己就像故事中的演员一样，回到了刚开始体验那种经验的时候，感受生动的现场感。那么，对方会产生好奇，自然而然地被你的故事吸引，最终对你的经验达成共识和同感，与你同享你的经验。形成同感的他，也就觉得你跟他是一伙的了。

同感战略在固执的人身上也很有效果。让我们一起看一下下面的例子。

一个固执的人和一个聪明的人吵架了。吵架的理由是固执的人说 $4 \times 7 = 27$，而聪明的人说 $4 \times 7 = 28$。双方争执不下，都觉得很郁闷，于是找来了裁判官。裁判官用一种不可理喻的表情看着固执的人，问：

"你是说过 $4 \times 7 = 27$ 吗？"

"我只是说了事实而已，可不知道为什么这家伙却硬说是 28。"

固执的人委屈地回答道。听完他的话，裁判官下了判决。

"把说是 27 的人放了，打说是 28 的人！"

最终，固执的人嘲笑聪明的人是个傻瓜，然后走掉了。聪明的人觉得特别委屈，还得挨打。

"太不像话了！ $4 \times 7 = 27$，这怎么可能！真是委屈死了！"

聪明的人挨打的时候一直在哭诉，裁判官走过来说：

"跟说 $4 \times 7 = 27$ 的人争吵的人才更愚蠢。我是想狠狠地打你一顿，让你长点脑子。"

在这则寓言中，固执的人固守自己的主张，觉得别人的话都是废话，所以很难将其说服。固执己见，不想听别人劝说的性格是在成长过程中形成的个人问题，很难改变。所以，如果你身边有特别固执的人，最好按照他的性格做事。那些固执的人大多很自以为是，内心觉得孤独寂寞。但这种类型的人却很容易受挫，既有固执的一面，也有软弱的一面。

说不定固执的人是因为担心自己的弱点暴露，所以才表现出固执的样子，为自己建造一个坚硬的保护壳。就像电视剧中成功的职业女性一样，她们看上去什么都很完美，却有着异于别人的家庭环境或只属于自己的秘密。

固执的背后常常藏着一颗单纯的心。如果你能打开那颗单纯的心，与其产生同感，为其驱赶寂寞，让其感受到真情的话，固执的人就会一次性地卸下武装。所以，跟固执的人相处时，彻底跟他站在同一战线上很重要。多理解他，让他感受不到孤独，这样固执的人也很容易跟你交心。

最后，我们一起看一个有关同感的希腊神话故事吧。女神雅典娜和海神波塞冬为争夺阿提卡地区的某个城市展开了较量，他们都想把这座城市划在自己的管辖范围内。宙斯下令说，谁能给人类带来有用的礼物，谁就成为那个城市的神。波塞冬用他的木叉把大石头做成了马，说"骑着这匹马能出去打仗，它能运东西，还能拴在犁耙上耕地"。雅典娜则在阿提卡的土地上种了一棵橄榄树，说"白天人们可以在树底下乘凉，城市也会因为它变得更美，它的果实能让人们的生活更富足"。马让人想到了战争和劳动，而橄榄树却是和平和富足的象征，于是人们举起了雅典娜的手。从此以后，雅典娜成了那座城市的神，城市也就用这位女神的名字命名为"雅典"。

这个故事告诉我们要站在对方的立场思考对方需要什么，当你满足对方的需求时，也就与对方达成了共识，关系也会随之变好。如果想让对方选择你，就得像雅典娜对待人类一样，从对方的角度思考他需要的是什么，为其提供值得产生共鸣的东西。

18

利用好场所的"保护膜效应"

某天深夜，高科长突然打来电话。我们之间交往不深，仅仅是认识而已。他说正跟公司的同事们喝酒，让我一起出来喝一杯。听声音，他应该不是很醉。我想着要不就去看一眼，于是大半夜出门了。到了之后发现除了高科长，还有他的三个同事在场。就像其他公司的员工聚会喝酒时一样，他们也一边喝酒一边谈论公司的热门话题，听着是最近有个同事被解雇了。

"可怜的朴科长，现在离开公司能干什么啊？真让人担心。"

高科长挥挥手说：

"哎哟，有什么可担心的？这里可是 Y 电子公司！是别人听了都要流鼻血的 Y 电子公司！他有 Y 电子公司的履历，哪儿去不了啊？"

另一个默不作声喝酒的同事叹了口气。

"其实我还挺羡慕朴科长的。我最近觉得公司的事儿越来越烦，恨不得马上辞职找点别的事儿干。趁现在还不晚，我是不是应该干脆早点交辞呈啊？"

高科长觉得很无奈，他看着那个同事，情绪好像有些激动地接话说：

"你这是说的什么话！怎么能主动提出离开 Y 电子呢！这种想法可不能有！你就算是想想自己的儿子，也应该知道不能这么做啊。儿子知道自己的爸爸在 Y 电子上班是多么值得骄傲的一件事儿啊，他的朋友知道他有个在 Y 电子上班的爸爸该是有多么羡慕啊！你要是辞了工作，儿子怎么办？"

虽然我认识高科长挺长时间了，可是那天酒桌上的他让我觉得很陌生。他把自己放在 Y 电子这座城堡里，过分地自我满足，甚至以儿子为爸爸骄傲为由留在 Y 电子，只能说他患上了"自尊心增强效果（Self-Esteem Enhancing Effect）症"，我在旁边看着就觉得很难受。

所谓自尊心增强效果，是指因包围自己的周围要素，自尊心受到鼓舞的效果。比如，只因自己是美国人就觉得自己比其他国家的人更优越，跟自己的社会地位无关。或者，如果身边有很多有名气、聪明、有权势的人，就觉得自己也好像成了那种人一样，自尊心上升。

一些大公司经常故意举办各种活动或项目，目的就是为了增强员工们的自尊心。年尾在特级酒店跟全体员工的家人一起共进晚餐，通过积极的企业宣传活动让员工的家人觉得他在最好的公司上班，员工会觉得这个公司是最好的公司，自然而然地为公司尽忠。公司利用这一忠心让员工的能力发挥到最大水平，最终达到利益最大化。我想，Y 电子应该也是用这种战略刺激了高科长的自尊心。

Y 电子所在区域的商人对刺激高科长的自尊心也起了很大的作用。即使说那里的商人是在靠 Y 电子赚钱也不为过。所以，不得不给 Y 电子员工最好的招待。受到这种待遇后，员工们会自然而然地觉得自己真的是了不起的人，所以高科长才会说出"如果知道有在 Y 电子工作过的经历，别人都会羡慕得流鼻血""儿子的朋友如果知道他有个在 Y 电子上班的爸爸会很羡慕"这种豪气冲天的话。最终，在如同保护膜的周围环境的影响下，他的自尊心和自豪感就升高了，这与个人能力无关。

在自尊心增强效果中，场所和周围环境最重要。所以，在争夺主导权时，场所和周围环境确确实实也起着很大的保护作用。在你很熟悉的场所，跟和你关系很好的人在一起的话，那个地方就像是自己的城堡一样。不管敌方带多少大军来攻击，只要你有一座坚实的城堡，用少量军队和武器也能在战争中取胜。其中，心理要素在夺取胜利中起到了很大的作用，即因为自己受到了坚实的城墙保护膜的保护，从而挫伤了敌军的锐气，鼓舞了我军士气。

如果把这一理论放在高科长身上，那他的第一层保护膜是公司，第二层保护膜是基于公司的周围地区。高科长之所以能豪气冲天地做事，是因为他坚信不管受到什么攻击，双层保护膜都会保障自己的安全。

再将范围扩大一点，把这一理论放在大韩民国国民身上的话，那么他们的第一层保护膜是大韩民国，第二层保护膜是故乡。脱离不开从小到大成长的故乡的人们一般都不想离开故乡，就是因为故乡是他的保护膜，即他们已经完全沉迷于故乡这层保护膜提供的安全感和快乐感中，畏惧新环境和陌生人。虽然现在这种倾向已经减轻了好多，但是在七八十年代，农村人大多极端畏惧陌生的环境和人，这就像是一种潜在意识一样存在脑海中。那些为地方经济做出突出贡献的有志之士最近热爱故乡的心和对故乡的自信心也越来越强。他们利用地方居民的爱乡之心，在与其他地区经济人员进行竞争时夺得了主导权，也阻挡了跟其他地区的交流。

问题是有时候需要跟依存于场所这层保护膜的人争夺主导权。他们想把对方拉进自己的保护膜中，即把你叫到他们公司或公司附近，营造一种好像他处于优势的氛围。那么，即使你尽力说明也很难，氛围会极其沉闷，这时候你会觉得不知道为什么事情不能按照自己的意愿发展了。

此时，你应该赶紧换个地方，换个地方很容易改变氛围。如果刚开始是在宾馆的咖啡厅，那么下次就去啤酒店，再下次去安静的休息室。不断地变换场所，看看对方在哪个地方会觉得不自在，也就是说找到氛围对自己有利的地方就可以了。如果对方不想离开他的地盘，那就自然而然地约定"这次我来你这边，下次你可要去我公司或附近了"。

在对方的地盘，首先你应该尽量与对方打成平局。没必要非得在对方的地盘上挫伤他的锐气。如果你在对方自认为有一层完美保护膜的地盘上按照自己的意愿让对方处理事情不顺利的话，他就会很慌。因为那不是在别的地方，而是在他自己的地盘上，在那里打成平局比失败更能对他造成打击。尤其是自尊心强、地区性强的人，如果对他形成一种不利的氛围或不利的条件，他会马上被打倒。因此，在对方的地盘上，要尽力打成平局，如果下次见面是在你自己的地盘上，就可以轻而易举地夺取主导权了。

场所和周围环境带来的"保护膜效应"跟"观察效应"也有一定的关系。所谓观察效应，是指被别人观察的时候，有些人的能力和热情会提高，有些人反倒会意志消沉的心理理论。比如，有些选手练习的时候总是犯规，可一去坐满了观众的比赛场地就开始本垒打；也有人自己在房间练习时能集中精力，可一去了人多的场所注意力就明显下降。所以，最好留心观察对方在人多人少时状态有什么变化，根据他的变化来调整战略。如果对方在人多的时候注意力更集中、实力发挥更好的话，就跟他在一个密闭的空间开会，对你掌握主导权就很有用。像这样，了解场所的"保护膜效应"并灵活运用，你就能在与对方的关系中占据有利地位了。

第三章

弃小保大

19
把好牌和坏牌藏起来

经济学家彼得·伯恩斯坦（Peter Bernstein）的著作《风险》（*Risk*）中关于打对牌有这么一段描述。

对牌，是一种秘密性的买卖和不朽的骗局，它是一种将计算战略和热烈的信念融为一体的游戏。比起感觉，它更是一种依赖经验的赌博。

就算在对牌世界中，我们也有保护自己的盔甲和盾牌之类的保护膜，即概率计算能力。有些人认为对牌一般是靠运气来决定胜负的，但实际上对牌靠的不是运气，而是概率。如果你的概率计算能力突出，在比赛中赢的可能性就很高。

但并不是说概率计算能力总是能帮助我们赢得胜利，因为这其中还存在着"欺骗"（Bluffing）。一般情况下，玩对牌的人手里拿着好牌的时候会发起攻击，但是偶尔手里拿着差牌的人为了让对方陷入困境也会进行一些假攻击，这就被称为"欺骗"。

欺骗的精髓在于模仿拿着好牌的人的行为，假装自己手里也有好牌。为了掩饰自己手中的牌是差牌，故意发起攻击，让对方产生错觉。那么，对方会觉得你手里拿着好牌，头脑中产生一种风险意识，因为这种风险根本就不存在，所以对方的概率计算也就不可能正确。最终，对方做出了错误的判断，放弃了游戏。那个拿着差牌使用欺骗手段的人获得了胜利。

可能有些人会觉得欺骗别人是不好的，不能将它用在对牌战略中。如果因为良心的谴责而拒绝使用欺骗战术，换句话说，也就相当于干等着来好牌，这样绝不可能取胜。

做生意跟打对牌一样，是一场经验的赌博。在商界，为了获得利益就得甘受损害，在翻开牌之前谁都没法预测输赢。所以，生意场中也需要欺骗战术。

做生意的时候你会一直等着来好牌吗？如果你一直干等着的话，在来好牌之前，你也许早就被淘汰了。所以即使拿着差牌，也应该偶尔压制一下对方，让对方听听你的条件或者让他放弃自己的利益。拿着好牌的时候也是一样的道理。如果你表现得很明显，稍不注意就会被对方识破你手中的牌，从而不得不放弃主导权。所以，即使你拿着好牌，也要不露声色，让对方难以猜测。

被授予诺贝尔经济学奖的游戏理论大师罗伯特·约翰·奥曼（Robert Aumann）教授曾说，在游戏中最好的战略之一是欺骗。他之所以这么说，是因为"欺骗"这一战术并不只用在对牌这一游戏中，在区分胜负的所有情况下都适用。

在现实生活中，熟练使用欺骗战术的例子比比皆是。企业为了摆脱竞争公司的追击，对外发布有巨大投资的计划，但实际上并不真的施行。伊索寓言中放羊的少年大喊："狼来了！狼来了！救命啊！"这都是一种欺骗。

并不是说牌不好、情况不利的时候，就可以无条件使用欺骗战术。使用欺骗战术，首先需要观察下面三种重要的条件是否具备。下面我们就拿放养少年的故事为例分析一下。

第一，是否有明确的利益。放羊少年追求的最大利益是解闷取乐。战争中是为了打退敌军的进攻，商场上是为了摆脱对手的追击或者获得更多的收益。只有要保障切切实实的利益时才能使用欺骗战术。

第二，我拥有的东西和所处的状况不能让对方知道。小山坡下村民们完全不知道山坡上面的情况，所以每次都会被少年呼喊"狼来了"所欺骗。

第三，欺骗战术不能滥用。偶尔使用欺骗战术成功率会很高，效果也好。若是像放羊的少年那样反复说同样的谎话，就不会有人相信了，欺骗战术的效果也就随之消失了。如果继续使用欺骗战术的话，就会像放羊少年一样当狼真的来了时没人跑去帮忙，十有八九会吃大亏。

很多人觉得欺骗战术只不过是在赌博时使用的谎言策略，但其实并非如此。以数学计算为基础，人为制造风险并进行推测以获取胜利，这就是欺骗战术。

这种欺骗战术不只在类似商务或战争等大场面中使用，在我们的日常生活中同样存在。没人会完完全全把自己的一切都展现给跟自己存在某种利害关系的人。虽然会有程度上的差别，但是人一般都会本能地去掩饰自己的内心。不管这么做对还是不对，总之，这就是人本来的面目。问题是我们生活在现代社会中，与物质冲突相比，心理冲突的效果更大、更直接。因此，欺骗战术作为战胜心理冲突的有力武器是必不可少的。

以前那些拥有强大实力的将军和现在拥有高支持率的政界人士也是如此。他们没有盖世无双的武功，也没有卓越的政治能力，但他们都是有出众的谋略和智慧的人。他们知道应该用什么战略让自己看上去更强大，他们都是会使用欺骗战术的人。所以，他们的眼神比别人更灵通，他们有能力让对方轻易地选择放弃。

在商务会议中形象也很重要。所以，在使用欺骗战术之前，应该先审视自己的形象。那些被别人贴上"无能、缩手缩脚"标签的人就算使用再怎么强大的欺骗战术，对方也不会动摇。所以，如果你一直是个总说"Yes"的人，或者是个没什么经验的新员工，最好不要使用欺骗战术。有些人早就对你虎视眈眈了，如果你冒冒失失地对他们使用欺骗战术，很有可能会遭受更大的欺骗。万一对方向你施加更大的欺骗，那时你要么放弃，要么使用更强大的战略去打破对方的欺骗。

除了形象管理之外，要注意观察是否有替代你的其他候选人。如果并不是非你不可的情况，那么对方面对任何强烈的欺骗都不会动摇。因为对于对方来说，选择复杂难对付的人，倒不如选择容易相处的其他候选人明智。所以，我们应该在清楚了解自己的状况和形象后，慎重使用欺骗战术，以免因为冒失而让自己陷入不利的局面。

20
多从强者身上学东西

有些人特别难接近，尖酸刻薄、待人冷漠的人更是如此。如果对方是一个与自己擦肩而过毫无关系的人，那完全没什么可苦闷的，直接忽视掉就可以了。可是，万一对方是公司的同事或上司、交易处的负责人等每天都得面对的人，情况就不一样了。那就得天天苦闷到底该怎么跟他维持关系，或者应该怎么应付他。到底应该怎么做呢？从探险家亨利·罗德里格斯的事例中我们就能找到答案。

探险家亨利·罗德里格斯在国家地理亚洲频道采访中曾讲述过自己的一则趣闻，他说在热带雨林探险的时候曾经掉进过瀑布里。那天，亨利·罗德里格斯正在风平浪静的亚马孙河上乘橡皮艇慢慢移动，突然遇到了一个90度的绝壁。他判定河水不可能逆流而上，于是划桨快速朝绝壁驶去。因为他判断如果要躲开绝壁，橡皮艇就会因卷入水流中失去重心而翻船，有可能丢了性命。可是，如果顺着水流的方向，快速将橡皮艇划向瀑布，船不仅不会失去重心，自己也有可能摆脱危机状况。幸好他毫发无损地跟瀑布一起跳下了 40 米高的绝壁，探险成功。采访即将结束时，他说：

"躲避危机反倒会制造更大的危机。如果尝试正面突破的话，反倒会有意外的效果。"

在日常生活中，诸如此类的例子也不少。

小玄在一家规模不大但作为新生企业快速发展的广告设计公司上班。那家公司凭借独一无二的业绩受到了国内外的认可，订单不断。社长是一个 30 岁出头的广告商，他在美国积累经验后重新回到国内创业。尽管公司的发展很稳定，社长依旧渴望更大的成功。他的雄心过大，对公司的每件事都很敏感。广告设计者在工作时需要有创新思维，因此需要自由轻松的工作氛围，可是因为社长过于严谨，公司的氛围越来越压抑。员工们常常不自觉地观察社长的眼色，为此经常出现失误，随之便是社长的指责，最后员工跟社长的距离越来越远。

新员工小玄刚进公司上班的时候也觉得好像被什么东西压抑着一样。几天后在欢迎自己加入公司的会餐中，他终于知道了原因。老员工们一边喝酒，一边说着关于社长的各种闲话和对业务方面的不满。那些人害怕社长却在背后说长道短的样子就像一个失败者在狡辩，看上去不怎么样。小玄并没像他们那样躲避、疏远社长，而是下定决心要跟社长正面接触。

从第二天开始，小玄就比别人早上班、晚下班。他想让所有人看到自己努力工作的样子。前辈们一边对其表示称赞，一边劝他这么做没什么意义。就这么过了三个月，有一天，早早来到公司的小玄正在整理晚上传来的传真文件。

"玄××，早上好！"

小玄转过头看到社长正冲自己微笑。从那以后，小玄每次都会让社长看到自己更积极、更勤奋的状态，偶尔两人还会聊几句。小玄慢慢发现社长并不像别人说的那样可怕，更不是一个没感情的冷血动物，他内心渴望员工们能主动接近自己。通过那件事，小玄懂得了草率地对别人做出不好的判断会让自己对对方产生畏惧，这种畏惧会使自己像前辈们一样出现各种失误。他也明白了反复出现失误还会降低自信心，让自己跟对方的关系更疏远。

小玄并没有根据别人的议论立即对社长做出判定，而是主动去接近社长。结果，他跟社长建立了不同于别人的关系，自信心随之上升，业务能力也提高了不少。在这里，重要的是小玄那种不妄下结论的态度。在小玄看来，社长只是一个比自己年长、社会经验更丰富的人，而不只是作为公司老板任意决定一切的人。他觉得社长也跟其他人一样，遇到问题时会累、会孤独，只是因为他的身份，不能表现出脆弱的一面罢了。所以，他主动让社长看到自己努力工作的状态，最终两人之间的关系亲近了。

《楚汉传奇》中的军师张良怎么样？他是刘邦一派的。但是，他对项羽的军师范增毕恭毕敬、彬彬有礼，真心敬重范增的资历，把范增当作前辈来看待。也许，他早就明白资历不仅包含了时间沉淀下来的经验，还包括深厚的内涵。即使不跟我一派，如果轻易地断定对方是自己的敌人，就会错失学习的机会。就像小玄的前辈们一样，社长其实就是他们同一行业的前辈，而他们不是积极学习他，却是在背后说他闲话，甚至疏远他。

那么，人们为什么只看表面就妄下结论、疏远对方呢？就算自己知道对方是要继续见面的人，不能只是躲着，却还是不能与其亲近，这是因为感情的传承效应。同一种感情被人传来传去的话，这种感情就会变得越来越结实，越来越坚固。对对方那种不好的感情重复得越多，就会慢慢变成厌恶或憎恶，以至于看对方的眼神都扭曲了。

有意思的是，当厌恶的对象比自己地位高时，人们总是对其更恭敬，这代表自己要与对方彻底划清界限。为了不让对方感受到自己的私心杂念，同时切断对方想要接近自己的想法，故意对对方做出夸张的礼节。如果有人面对你时表情僵硬，给你鞠90度躬打招呼，或有类似夸张礼节，他十有八九是很讨厌你的。

在这里有一点你要知道，你把厌恶埋在心里，那损失最大的是你。如果你厌恶某个人，那只能是自己一个人痛苦。对方根本就不在乎你。很明显，这种做法只能使自己遭到损失。越是大大咧咧的人，你就越应该用肯定的眼光去观察他。在某一个瞬间你会发现，在他身上也有很多长处和值得学习的地方。

如果你很难用肯定的眼光去观察他，那么就把他当作自己的爸爸或妈妈、哥哥或姐姐、弟弟或妹妹吧。不管是多么难缠的人，只要把他当作家人对待，厌恶的情绪就会慢慢消失。家人不可能只有优点没有缺点，而且有些缺点还很难改掉。即使如此，因为我们是一家人，所以要包容他的缺点，一起努力生活下去。为了更好地发展人际关系，需要努力用这种方式去理解对方。

泰宇性格也很挑剔、强硬，通常他的话刁钻刻薄，公私分明，不管对方跟自己的关系多么亲近，只要对方提出的议案或要求没有正当理由，他都会果断拒绝。尽管如此，还是有很多人围绕在他身边。虽然他性格挑剔，但他对所有的事情都认真负责。他强调，如果某项决定出了问题，责任由自己来承担。他总是竭尽全力做事，不管结果是好是坏，他都不逃避责任。为此，周围的人都觉得他是一个很值得信赖的人，于是愿意主动将关系的主导权让给他。

在这里还需要补充一点，当你做出某个决定后，这个决定引起的问题很少会接着发生，也就是说你有充分的时间去应对。当你接到某项提案或指示时，就算觉得好像特别不合理，那件事也不是已经发生的事情，所以，没必要立即断定"这是不可能的事"或自暴自弃地说"这是没办法的事"。这个世界上的事情不是只有一种解决方法。就算是那些看上去好像没什么解决方法的事情，如果你好好考虑一下，说不定会想出妙招。

一位记者曾问法国的一位攀岩登山者勒琼。

"如果在攀岩的时候遇到强烈的暴风雨，您怎么应对？"

勒琼回答说："那我就拉着绳索等风停下来。"

越想躲避暴风雨，就越有可能因为体力不支坠落下去，所以还不如把自己交给绳子，储备体力才是生存的王道。想要在与别人的心理战中获胜的人应该牢牢记住勒琼的这句话。之所以要取得主导权是为了自己能最终获胜。如果妄下结论觉得对方跟自己不是一类人，故意躲避对方，别说取胜了，最后什么都得不到。

对于登山者来说，目的是征服山，而不是跟风雨对抗。若跟风雨斗争，反倒损耗了征服山的体力，很可能会有坠下山崖的危险。虽然说如果害怕风雨，起初就不应该去爬山，可是即使刚开始能预测风雨，有时候风雨的力度会比预想中强很多。万一真的发生了这种情况，你怎么办？这时候，不应该把注意力的重心放在风雨上，而应该放在自己的目标上。风雨只是你在通往目标的路上遇到的一种突发情况。如果把重心放在目标上，就没有战胜不了的变数。

21
混合使用直言快语和解释说明

泰秀是音乐俱乐部的会长，他总是直言快语。比如，音乐练习结束后想约大家一起去喝酒的话，他一般会说：

"咱们去喝一杯吧，不过不能喝醉！"

他直截了当地说出了自己想要表达的内容。这种直言快语的表达方式有一个优点，即冲击力强。不附加任何说明，只说核心主张，简洁明了地说出自己要说的话。

与之相反，美术俱乐部的会长程苗的传达方式是解释说明式的。在跟前面完全一样的情况下，程苗会这么说：

"今天咱们去喝一杯吧，不过不要喝醉，也不是说一定不能醉。醉一点也能借机说说心里话，拉近彼此之间的距离。但是，要是太醉的话容易失态，所以喝醉了好像也不太好。"

程苗的表达方式跟泰秀的不同点是对自己的观点进行了一系列的解释

说明，即并不是主张自己的观点一定正确，而是大体正确。程苗和泰秀表达内容的核心都是不要喝醉。但是，程苗的表达方式不像泰秀那样决断确定。

那要想获得主导权，泰秀的直言快语和程苗的解释说明这两种方式，应该采取哪种方式呢？在回答这个问题之前，先一起来看一下我们自己的思考方式吧。

人的思考一般要经过以下两个阶段。第一阶段是以通过气味、感觉、声音等"五感"获得的信息为基础，进行思考和直观判断。第二阶段是回想自己的经验，在与对方对话的过程中找到伦理连接点，进行理性思考。一般第一阶段被称为"直观思考"，第二阶段被称为"理性思考"。

人们常常认为大脑是理性思考的器官。但是，根据最新研究成果显示，脑不只是负责理性思考的器官，而是进行原始思考到复杂思考的器官。脑科学者认为，脑分为三大层面。脑最深的地方是拥有最长历史的爬行动物的脑，上一层是哺乳动物的脑，最后一层才是人类的脑。爬行动物的脑和哺乳动物的脑相当于负责本能思考的原始性脑，人类的脑相当于负责理性思考的现代性脑，脑的这种层次也反映了进化的历史。

如果把脑的层次与人类的阶段性思考相结合，那么在第一阶段思考中主要启动的是类似爬行动物脑和哺乳动物脑的原始性脑。通过影片《侏罗纪公园》也能了解到爬行动物的脑是非常简单的。虽然也有速龙这种很厉害的爬行动物，但是它们还是没法与哺乳动物和人类相比。哺乳动物一般比爬行动物的智力更突出，养过宠物的人应该比较容易理解这一观点。比方说，小狗的同感能力有时候几乎能达到人的水平。但是，那也仅仅是一瞬间而已。包括小狗在内的哺乳动物的智力是无法与人相提并论的。

第二阶段思考是通过启动负责理性思考的人类的脑形成的。但是，正如前面所说，我们的脑不只有人类的脑，还有爬行动物的脑和哺乳动物的脑。此外，遗憾的是，在决定性的那一瞬间，左右自己做出决定的不是负责理性思考的人类的脑，而是爬行动物和哺乳动物的脑。

爬行动物和哺乳动物的脑一般进行原始性和本能性的思考，这在商店讨价还价的时候就能看出来。我们一起通过下面的例子来感受这一观点吧。

一个刚搬来村里的新媳妇到水果店买水果。

"有没有好点儿的苹果？"

听新媳妇这么说，店主马上回答：

"这是今天早晨刚进的苹果，很甜、很好吃。5 000块钱10个，我再送您两个。"

"要多送两个？"

新媳妇一听还有附加服务，喜形于色，店主和气地继续说：

"你是第一次来我家店吧？我送你两个，不过你要经常来哦。今天苹果卖得特别好，估计一会儿就卖完了，你快买点儿回去吧。"

换作是经验丰富的大妈，应该早就转遍了各个店铺，对价格比较一番了。可是这个现在才刚开始过日子的新媳妇却想不到这一点。新媳妇问的第一句话"有没有好一点儿的苹果"，这就暴露了她对价格不是很敏感的事实。因为她并没有问"有没有既便宜又好吃的苹果""这个苹果多少钱"这种重视价格的问题，所以店主立即察觉出了她的心理状况，然后用了直言快语的方式，即不仅告诉对方"苹果不错"，而且还"便宜"，一口气说服了对方。此外，店主还说要多送两个，在爬行动物或哺乳动物的脑中，会判定再没有比这更好的待遇了。简单的脑喜欢简单的内容。如果简单的内容中还有对自己有利的地方，肯定就会很满意了。店主在既定的状况下说服新媳妇的时候，她通过经验早就知道用直接的表达方式对对方更有效果。

但是，如果客人不是新媳妇呢？如果客人买的东西不是苹果而是汽车呢？想买汽车的客人会比较各种不同的车型。即使钟情于某一种车，也不会跑去附近的代理店立即买下来。他会考虑用现金支付能便宜多少，分期付款利率有多少，有没有什么期权，到处收集信息后，会再进行一番仔细的比较对照。比起买苹果，这时候更需要灵活运用理性的思考。为此，想要卖掉汽车的经销商就得使用不同于水果店老板的经销战略了。他会对客人这么说：

"这款车型是今年的新款升级版，所以价格稍微高一些。但是，无偿售后服务延长到了7年，也就是说您除了需要支付购买汽车的费用外，就再也不用支付任何附加款项了。如果您用现金付款，我们会按照业界最高的打折率给您打个折，期权也会再给您多加两种。如果您分期付款，我们会通过连锁金融公司给您办理利率最低的贷款。另外，如果车出现了什么小问题——当然这种情况基本不会发生——我是说如果真的发生了，您尽管来找我，我会立即为您想办法解决。"

越是价格昂贵的商品，经销商向顾客解释说明的时候会越详细。但是，他们并不只是在解释说明。因为商品越贵顾客越有可能犹豫不决，所以他们还会使用如同下例的压迫战术。

"这款车只有这一辆了。下次入库还得等两个月，再加上有别的客人预约，您如果这次不买的话，说不定得等到四个月以后了。要是您有意愿买的话，我就给您留到明天，您可以再考虑一下。"

这番话跟前面水果店老板的话有某些相似之处。水果店老板说"今天苹果卖得特别好，估计一会儿就卖完了，你快买点儿回去吧"，经销商也说如果这次买不了的话，说不定得等四个月，他们用这种方式给客人施加了压力，在这一点上两者是相同的。不同的是，水果店老板在对话开始没多久就说了出来。如果汽车经销商跟客人稍稍聊几句就直接使用压迫战术的话，会怎么样呢？客人会想"你不给我施加压力我都郁闷得要死了，干吗这么说啊？你以为卖车的就你这一家啊？"然后拍拍屁股扬长而去。

综上，我们总结一下结论。当信息不足，对方使用第一阶段简单思考时，直言快语的表达方式会更好；相反，当信息充足，对方使用第二阶段思考时，用解释说明的方式更有利。不能忘记，我们应该像前面提到的汽车经销商一样，根据对方是谁，放弃主导权谈论的对象是什么，即根据具体情况恰当地混合使用直言快语和解释说明两种表达方式。如果在交流中你听到周围的人说"真是摸不清形势"的话，就该好好检讨一下是不是自己的表达方式出了问题。

22

面对风险，敌人也可变友人

日本人气电视剧《派遣员的品格》中的女主人公大前春子是一名派遣员工。虽然并不是正式员工，她却总是理直气壮，对于加班或公司会餐等事项，她都一律回绝。部长也被她理直气壮的样子深深吸引，只要她想做的事情，不管是什么，部长都同意。虽然有时候会有人对她投来异样的眼光，但是公司却因为她的这种表现业务越来越好。她作为一名派遣员工连安定的工作都没有保障，是什么让她如此理直气壮呢？正是她本人的能力。她做任何事情都很努力，时刻默默地弥补自己的不足。但更重要的是下面的几个特征使她挺直了腰板。

第一，说话直率。大前春子无论何时都充满着朝气，在与别人对话时从不躲避对方的眼神。她说话直接，简洁明了，绝不附加任何借口或理由。很多人说话的时候总喜欢拖泥带水，也许他们是为了不跟对方起冲突，这一般是内心缺乏自信所致，可是不管怎么样，我们都应该知道拖泥带水会降低说话的分量。

第二，客观性。大前春子总是站在第三者的角度看问题。大家一般都习惯从自己的公司的角度考虑，可是她看问题时一直都客观公正。正是因为这种态度，她总能理性处理业务伙伴和同事们之间出现的问题。虽然在处理人际关系过程中，偶尔表现出自己感性的一面能获取对方的好感，可是如果感性态度一直持续下去的话，就会被人在背后说成是"没礼貌"。若想获取对方的信任和信赖，应该一直保持理性的姿态，偶尔让对方看到你感性的一面。

第三，公私分明。有一次，某嘉宾因为受伤导致活动告吹，大前春子出面解决了这一问题，代价则是拒绝了本该属于自己的奖金。她说，我之所以这么做不是为了公司，而是出于个人的感情，是私事。我们周围有很多公私不分的人，最常见的例子是把公务卡当个人信用卡使用。虽然金额不大，但是由于很难判断到底是业务用卡还是个人用卡，所以总是习惯性地胡乱使用。凭良心说，这种行为并不光明磊落，也许不知何时何地它会变成你的把柄，所以应该引起足够的重视。

第四，一直保持理直气壮的姿态。大前春子走路的时候总是昂首挺胸。如果人没精神或没自信的话，就会驼背弯腰，走路的时候也没劲。驼背弯腰的人会给人消极的感觉，更别说信任和好感了。运动员金妍儿结束比赛时总会挺直腰，举起双臂做出一个"万岁"的姿势向大家致敬，这种姿势是在向观众和裁判员们展示自己的自信。如果她弯腰缩肩致敬的话，看上去肯定没自信，最后的得分很有可能不如实际表现高。

综合这些因素，可以说大前春子一贯的理直气壮最终赢得了同事们的信任，也帮助她在人际关系中取得了主导权。

中国企业家王白曾在韩国投了一大笔钱，最后却遭受了巨大的损失。当时经济不景气，本来生意就不好做，再加上在国外投资环境不同容易遇到各种不顺，双重因素使他损失惨重。虽然他在事业上遭受了巨大的冲击，可是他性格一向豪放，并没有纠结于此事。他觉得有那么多生意伙伴相信自己、追随自己，肯定能东山再起的。王白回到中国后，见了很多企业家，打算从头开始，可是没想到信任的人开始三三两两地躲着他。刚开始他试着理解那些人，觉得没什么，可是后来躲避他的人越来越多，恐惧感朝他袭来。最终，他开始垂头丧气，整天无精打采，不再开心地大笑，甚至开始看别人的眼色。就这么意志消沉地过了几个月，为了抚慰疲惫的心，他去了寺院。高僧跟他说了这么一段话：

"看上去弱的人，敌人会越来越多。看上去强的人，朋友会越来越多。"

听了高僧的话，王白顿悟。从那以后，他又开始开怀大笑，走路的时候也昂首挺胸，即使是装出来的。虽然刚开始觉得很累，可是时间久了，自己都产生了一种错觉，觉得好像又做回了原来的自己。那些人看到他振作起来，似乎又看到了希望，开始围绕在他周围，最终王白得以东山再起。

大多数人不能客观、准确地评价某些人的实力或其所具备的耐性有多大。如果你外表看上去很强大、很有实力的话，对方就会暂时跟你成为朋友。相反，如果你看上去很懒散，就会遭到别人的厌恶。但是有很多人不知道这个道理，习惯性地把自己软弱的一面展现给对方，以获取对方的同情心。在人际关系中，这绝不是一种好战略。我再给大家举一个例子。

李氏是来自中国延吉的侨胞。虽然他在韩国定居已 8 年之久了，可是没有固定收入，处境一直很困难。刚开始他在建筑工地打过几年零工，那时候是按天数赚钱，由于经济不景气，最后连这份工作也丢了。后来，不知他从哪儿弄来一辆手推车，做起了海鲜生意。不幸的是，别说赚钱了，他赔的钱越来越多。面对种种不顺，他开始抱怨自己的命运："为什么全世界就只有我自己做事不顺。"其实，问题的根源在他自己身上。当初卖海鲜的时候，他推着满载海鲜的手推车，只要一有顾客来，他就皱起眉头，露出一副可怜兮兮的表情，然后告诉对方自己来自延吉，为了混口饭吃才做起了海鲜生意，希望对方能行行好帮帮自己。站在顾客的立场来看，在观察海鲜的质量之前，就已经被李氏这一席话说得有压力了。虽然偶尔也会有人战胜这种压力，挑些海鲜，可是大多数人还是会像要逃跑一样离开。如果李氏能够理直气壮地大声叫卖"今天的海鲜好极了，不好吃不要钱"的话，至少不会有人躲着他吧。

所谓同情心，是指理解别人的处境，把对方的事情当作自己的事情，为对方觉得很遗憾的心情。可是，不是说所有人都会产生同情心。即使对方跟你的处境相似，也只有过去有过相似经历的人才会对你产生同情心。可是，来买海鲜的大部分顾客都没有从事海鲜生意的经历，也不是侨胞，所以很难理解李氏的心情，对他产生同情心。为了动摇对方的感情，故意装可怜，反倒会起到相反的效果。这一点从李氏的身上得到了很好的验证。如果你想跟某个人保持一定的距离，那就让他看到你卑微的样子吧。每次见他的时候都跟他说你的状况有多么可怜，过不了多久他就再也不会出现在你面前了。

就算失败也要保持理直气壮的姿态。胜利时喜悦和欢乐共存，会吸引很多人跟你成为朋友，失败时你会无精打采，会遭到别人躲避。但是，不是每件事、每次都能成功的，偶尔失败也很正常，所以即使失败了也要败得漂亮。有求胜心固然是好事，但是若因为失败带来的失望感而怀疑别人的胜利，觉得委屈，只会让你变得更狼狈。理直气壮不是只在胜利的时候才能有，潇洒地接受失败的样子比胜利时的理直气壮对周围人的冲击力更大。

"你的实力真是太强了，这次我彻底输给你了。"

像这样，承认对方的优秀，潇洒地接受自己的失败，对方感受到的不是自己的成功，而是你的坦率。另外，面对风险也应该理直气壮才行。人们常常认为风险是一种无法预见的变数，当风险发生的时候不知道该怎么办，其实世界上的风险无处不在。如果从一开始就考虑风险，想从风险中脱身的话，最终只会一事无成。所以，我们不应该把风险当作带来失败的变数，而应该把它当作理所应当会发生的事情。在风险面前理直气壮，周围的人才会支持你。

23
受限越大，欲望越强

"园子里各种树上的果子你们可以随意吃，只有这棵树上的果子不可以吃。这棵树是给予善恶的智慧树，吃了它的果子就会认识到自己所做事情的善恶。这也就意味着灵魂的安宁即将结束。吃了这棵树上的果子，你们就必须承受极其恐怖的后果。"

听了上帝的这番话，亚当和夏娃约定要好好遵守。可是，没过多久，一条蛇告诉他们不要完全听信上帝的话，受蛇挑唆的夏娃吃了善恶果，接着亚当也吃了善恶果。上帝大怒，把亚当和夏娃赶出了伊甸园。

这就是人们耳熟能详的亚当和夏娃的故事。脱离宗教解说，我每次想起这个故事的时候总会产生一个疑问，那就是："夏娃为什么那么轻易地听信了蛇的挑唆？"我查阅了与此相关的各种资料，可是所有的资料上面都没有详细明确地介绍到底是蛇的什么挑唆刺激让夏娃吃了果实。

我个人认为，"也许并不是蛇的挑唆使夏娃吃了果实，而是夏娃自己忍不住好奇心吃了果实"。表示禁止的"No"这个单词对于刺激人的兴趣和好奇心有着卓越的效果。就像上帝说"绝对不能吃那棵树上的果实"一样，夏娃一听就对本不感兴趣的善恶果产生了好奇心。可是，上帝不仅仅说不能吃，他还强调如果吃了会有严重的后果。我想，说不定是这种严格的禁令加重了夏娃的好奇心。

罗密欧与朱丽叶两家是世仇，所有人都觉得这两家绝不可以联姻。也许若不是周围人的极力反对，他们也不至于有那么深的爱情。原是世仇的两家人越对立，血气方刚的罗密欧与朱丽叶就越叛逆，最终导致了熊熊燃烧的爱情和阻止爱情的禁令愈演愈烈，以至于到最后两个人上演了一部感天动地的爱情史诗。

还有一个故事正好可以证明禁令的反效果。朋友奥利维亚生日那天，美国留学生珍妮在生日聚会的酒吧第一次邂逅了男子志勋。两个人年龄相仿，又住在同一个区，于是距离迅速拉近，最终坠入了爱河。朋友奥利维亚很担心他们之间的关系。因为她觉得志勋跟别人好像不太一样，他打扮另类，英语只会日常生活用语，总让人感觉他不可捉摸。

寒假结束后，新学期开始，奥利维亚的担心变成了现实。志勋竟然不是学生，而是韩人街红灯区伺候女性的男招待。被帅气的志勋迷住的珍妮受到了很大的打击，每晚以泪洗面。朋友们都劝她赶快跟他分手，都说珍妮是个名牌大学的大学生，性格又那么好，绝对不能跟一个男招待交往。以奥利维亚为首的几个朋友甚至还威胁她说，如果她再见志勋就跟她绝交。可是，朋友们越是喊"No"，珍妮就越想念志勋。没过多久，珍妮断了跟所有朋友的联系，只跟志勋来往。

那之后又过了四个月，珍妮最终放弃留学，去了韩国。后来才知道，她早就计划跟志勋一起搬到别的地方去，她还把父母给的学费、零花钱、用信用卡借的钱都给了志勋。可是志勋拿到钱以后，就毫不留情地离开了她。

据精神分析学家雅克·拉康（Jacques Lacan）的欲望理论称，人类的欲望是因为禁令而产生的。正常情况下，人是感受不到欲望的，可是一旦产生了禁令，人就想去打破它，执着于禁令的对象，从而产生欲望。

朱丽叶和珍妮的事例也能证明这一欲望理论。周围的人越反对，她们对罗密欧和志勋的爱就越深，只要一想起对方，脑子里就全都是他的好。即使有时候看到对方不好的地方，她们也会无视掉，安慰自己说"这一点不重要"。最终，她们会一直确认并强化着自己对对方的态度和感情。

不仅如此，她们还会给自己的行为或状况赋予命运的含义，即朱丽叶觉得遇见世仇家族的罗密欧是不可抵挡的命运，甚至相信两个家族有可能因为他们两个人的爱情和好；而珍妮则认为志勋在酒吧打工是迫不得已，那都是因为他的家庭环境和成长背景不好，跟他本人的意愿无关。

不仅禁令会导致相反的结果，当强制别人做某事时也是如此。学生时代，如果父母强制孩子学习，很多孩子就偏不学习。反倒是那些经常听父母说"出去玩会儿吧，小时候不用学那么多东西"的孩子常常自己主动学习。像这样，当人被禁止做某事或被强制做某事时，会更想做相反的事情。

从精神病的治疗中也能知道因强制引起的副作用和去除副作用的方法，即让心理有问题的患者看强迫性行为或执着症状的话，他们反倒会放弃，反叛心起作用最终使他脱离了强迫或固执。比如，通过一直让洗澡执着症患者洗澡，让他自动放弃洗澡。当对方强烈要求按照自己的想法做不合理的事情时，与其强烈地阻止，还不如坐视不理或适当地予以附和更能降低他的那种欲望。

让我们设想一下，一个女顾客来到一家高价品牌卖场，正为商品价格太高犹豫到底买不买时，这时候售货员应该怎么做？应该跟客人说比起商品的质量，价格还是比较便宜的吗？虽然这也可能会有一定的效果，但若像下面这么说，效果如何呢？

"夫人，这件衣服的质量特别好。不过，可能价格比较贵，一般人买不起。"

去高价品牌卖场的人是不会没钱的。顾客很有可能是因为那件商品的价格比自己预期的价格高，所以才会犹豫要不要买这么贵的衣服。当顾客听了售货员的话之后，反倒会产生一种逆反心理，然后直接刷信用卡买了，即为了让售货员知道其说的"禁令"不正确，所以买下商品。

禁令或强制会让人产生欲望。而被欲望所支配的人很难发挥正常的判断力。为了重新恢复正常的判断力，不能遏制这种欲望，而是应该释放它。如果奥利维业和朋友们当初对珍妮说"只要你开心就没什么问题，好好交往吧"，即用"Yes"代替"No"的话，珍妮也许就不会跟朋友们切断联系和志勋私奔了，说不定跟志勋交往一段时间后，慢慢觉得他的表现并不令自己满意，然后自己先提出分手了。

令人意外的是，很多不良学生的父母大多是军人或老师或公司的老板。因为从事这些职业的父母性格大多保守、刚直，他们为了把孩子培养得正直、乖巧，总会限制孩子的行动，孩子也就会产生一种逆反心理，误入歧途。

面对想要抓住关系主导权的人，不能大喊"No"，因为那样会让他的欲望更强，更想反抗。一边温柔地对他说"Yes"，一边缓解他的欲望，他就会不自觉地把主导权让给你。

24

共同特征 VS 共同敌人

几乎没有女人喜欢军队的故事。因为她们没有在军队的经历，很难产生同感，而且同龄的男朋友已经跟她讲过无数遍，听得耳朵都要磨出茧子了。可是，男人们为什么一聚在一起就开始讨论军队的事情呢？因为初次见面或已经见过面但还不熟悉的人，彼此之间最容易找到的共同特征就是"军队"。

比如："你那时候在哪儿服役？""在铁原郡服役。""哇哦！我也在那边服过役！"从这种服役地区的相关性，到行为的相关性："你的职务是什么？""我是驾驶兵。""天哪！我也曾是一名驾驶兵！"……

像这样，男人之间利用"军队"这一共同特征，在毫不了解对方的情况下，能找到自己与对方的相关性，产生一种认同感。如果想通过谈论小提琴演奏或冰球选手来活跃气氛的话，让对方产生认同感的概率可能会特别低。但是关于军队的话题就不同了。就算对方在别的部队服役，军人生活基本上差不多，至少都是军事化管理，单凭这一点，彼此之间就能产生认同感。这种认同感会演变为好感，好感对今后掌握主导权非常有利。

军队既是容易让人们产生认同感的话题点，也是以认同感为中心的主导权争夺极其明显的场所。有一次，朋友给我讲了他在某部队服兵役时的经历，让我深刻地感觉到在主导权争夺中共同特征或认同感是多么重要。

在士兵中，人气最高的职位是大队 PX 兵①。他们不仅不需要进行军事训练和作业劳动，而且因为是在室内工作，所以不会受多少苦，整天只要看着小卖铺，整理物品，清扫房间，计算账目就可以了。每个人都想干这个美差。

朋友服役的部队 PX 的朴兵长即将转业，他一直在苦恼到底应该选谁接自己的班。后任的士兵没有一个不知道这个消息的，开始陆陆续续地接近朴兵长。就连那些以前从来没跟他说过话的士兵也开始殷勤地问他："您是从哪所高中毕业的？""您的家在哪儿？""您在哪儿读的大学？""您的故乡在哪儿？""我喜欢足球，不知道您喜欢吗？"大家都努力想找出自己跟朴兵长的共同特征。通过接触，朴兵长了解到金二等兵跟自己是同一所高中的同学。

朴兵长在心里暗暗想，既然如此，干脆就把这个舒服的位置让给自己的同学得了。可是，当他知道郑一等兵不仅跟自己是老乡，还跟自己在同一个自行车俱乐部之后，就开始动摇了。就这么过了几天，最后朴兵长既

---

① PX(Post Exchange) 是部队中经营的小卖店，PX 兵则是在军营内的小卖店中销售饼干、面包等物品的管理兵。

没选金二等兵，也没选郑一等兵，而是选了另一个中队的朴一等兵。朴兵长转业后，金二等兵和郑一等兵来找朴一等兵了解情况。

"你是怎么当上 PX 接班人的呢？"

朴一等兵的回答很简单："啊，朴兵长和我是远亲。"

此外，在军队凭借跟前任的共同特征从竞争者手中夺取主导权是常有的事。比方说，跟老兵从同一个学校毕业的二等兵打扫休息室，跟老兵没什么关系的其他二等兵打扫垃圾焚烧厂，干的是比打扫休息室更累的活。因为数量不足，只能发给老兵的特别补给品也会发给和老兵在同一所学校毕业的二等兵的例子也数不胜数。

像这样，共同特征会引起彼此的认同感，认同感在人际关系中起着极为重要的作用；尤其是在一个人数多且不固定的场所效果倍增——因为还想把对方变成自己这一派的人，同时也相信自己轻易地把主导权让给了对方，即向对方示好，以后一定会收到回报。世界很小，只要活着，以后说不定还能见到。尤其是有共同特征的人再次相见的可能性更高，必要的时候从对方那里得到帮助的可能性也更高。以后如果我的情况不如你，那时候我就有理由要求你做出让步了。

相反，如果没有共同特征，彼此之间不存在认同感的话，反倒很容易被对方夺取主导权。这种事情在外国人身上经常发生。

我曾看到过关于黑心的出租车司机向外国游客收取数十倍出租车费用的报道。这是因为出租车司机觉得外国游客生活在另一个国家，跟自己没什么交集，是一个不可能跟自己产生任何认同感的人。

韩国人去外国的时候也经常遇到与此类似的事情。最具代表性的是韩国游客在当地被认识的侨民（韩国人）欺骗。游客们觉得大家都是韩国人，于是在对方身上感受到了一种认同感，但是侨民的立场却不同。行骗的侨民认为自己是当地人，他们从这些韩国游客身上感受不到任何认同感，很容易就欺骗了他们。当然了，并不是所有的侨民都这样。在某个有很多韩国侨民居住的城市有这么一句话：“先行骗的人是主子。”

像这样，人们做事情的时候总要看学缘、地缘和血缘。就连以道德和信念为基础的宗教和政界也常会给跟自己有交集的人一定的特权，让他掌握主导权。寻找共同特征，分享认同感，并利用认同感掌握主导权是主导权争夺战中最基本的战略。

个人与个人之间为了掌握主导权，首先应该找出对方和自己的共同特征。通过共同特征形成的认同感可以帮助自己拉近和对方的关系，这样就打通了把对方变成自己一派的渠道。把对方变成自己一派，意味着从对方那里获取了主导权。但是，通过认同感获得的主导权的保质期很短，所以为了维持主导权就需要一定的实力和信赖，这一点一定不能忘记。

到现在为止，谈论的“共同特征战略”并不是任何时候都有效，尤其是对于公务员等职业的人，即掌管那些无可替代类型工作的人，很了解这种利用共同特征或认同感接近别人的战略。所以初次见这种职业的人，与其想通过学缘、地缘、血缘等关系来引起认同感，倒不如努力坚定地表现出自己不想放弃主导权的心理。

下面给大家讲一个我参加 W 汽车新车发布会时的事情。我一边看车一边转悠，就这么过了大半天，突然一个人小心翼翼地走过来跟我打招呼。他是负责总体销售的边理事。

"老师，很高兴能在这儿见到您。我是您的粉丝。"

我不知道他说这句话到底是出于礼仪，还是出于真心，一时间我找不到合适的话来回应他，于是礼节性地说了句："W汽车新车比德国的M车还要好啊。"尽管如此，氛围还是很尴尬，我只等着活动赶快结束。可是，因为我周围也没什么认识的人，所以只能继续跟边理事聊天。聊着聊着才知道他跟我毕业于同一所高中。他显得很高兴，开心地笑了。

我也一样，为了让氛围轻松一些，我开玩笑说："看来我要是买新车的话，得给你打电话了哦。"我话还没说完，他就来了个电话躲开了。从那之后过了很久，边理事给我发来了新年祝福短信。我回复短信："不久前我刚从B公司买了辆新车。按理说本该买W汽车的，真是对不起。"

也许是因为我的短信看上去很真诚，几天后边理事联系了我，说想跟我一起吃个晚饭。吃饭的时候，他说自己每天都要接好几十个电话，对方大多是求他把车再卖便宜一点，弄得他都不想在公司干了。所以，他一听有人说跟自己是老乡，就害怕对方会让自己卖车卖得便宜点，只能躲开。我解释说那次只是开了个有点儿过分的玩笑，让他不要介意。消除误会后，我们之间的关系也亲近了。

如果对方跟边理事是同一种类型的话，应该怎么获取主导权呢？建议你用逆向思维接近他，即与其找认同感，还不如制造一个共同的敌人。

看法国小说家亚历山大·仲马1844年写的小说《三个火枪手》，就能知道有共同的敌人能发挥多么大的作用。小说的主人公达达尼昂、阿多斯、阿拉密斯、波尔多斯都是火枪手，他们有两个共同的敌人。因为他们都是火枪手，又拥有共同的敌人，所以虽然他们的个性和出身不同，但还是能彼此依赖。

在现实生活中也是如此。如果只凭借共同特征很难从对方手中夺取主导权的话，那就说说双方都认识的某个人的坏话，或者一起聊聊政界和金融界的不正之风吧。如果有了共同关心的事或共同看不惯的事，更容易让对方敞开心扉，也更容易让对方依赖你。

25

特色明显才能走得更远

我刚走进咖啡厅手机就响了，是提议聚会的广播局 PD（编导）打来的。他说路上堵车，大概会晚 10 分钟左右，请求我原谅。

"广播的时候他会先说什么呢？他起初会以什么姿态呈现在观众面前呢？"

我一边等他，一边端着一杯咖啡思考着这个问题，突然邻桌的　男一女引起了我的注意。一看就知道他们还不是很熟，应该是在相亲。聊天总是会中断，因此气氛随之变得尴尬。男子好像觉得这种尴尬的氛围很不舒服，端起咖啡喝个不停。

"这时候应该好好展现一下你的魅力才行，要再这么下去就没戏了……"

看着那个男子，我心里的苦闷也随之解决了。

"对，给她展示扑克牌戏法的个人特长吧！"

用扑克牌玩的小把戏算是一种个人特长，它能刺激对方不常有的感觉，引发对方的好奇心。像这样，第一次与对方见面，与其平平淡淡地介绍自己，不如向对方展示自己的特长或演技，以给对方留下更深刻的印象。

　　在展示自己独特的演技前后，对方的反应差别特别大。刚才还觉得很一般的那个人，现在已经完全变了个形象。灵活运用自己的演技更有可能获得对方的好感。

　　邻桌男子也是一样。如果他向女子展示简单的扑克牌魔术的话，会怎么样呢？因为男子不是魔术师，所以他表演的魔术肯定会有某些缺陷。但是，女子通过扑克牌魔术会感受到新的刺激，从而对男子产生特别的好感。

　　让对方对你产生好感在主导权争夺中很重要。对你产生了好感的对方很容易跟你站在同一边，这也就意味着最终主导权落到了你的手中。

　　像这样，很有必要利用特技给对方留下独特的印象。当然，如果能用一些不常见的技术让对方感叹的话，效果就更好了。即使不是特别突出的演技，只要能试着做就能达到目的。

　　这时候应该记住一点：如果展示的是跟同事们相差无几的技艺，那最好最先展示给大家看。只有这样，才会产生先入为主的效果，从而获取主导权。

　　从这点来看，我们一定要有自己的特长，以塑造形象。也许有的读者对此有所怀疑，但是，现实是冷酷无情的。如果你的形象不够突出，那无疑会遭受损失。

　　就拿足球明星朴智星来说吧。他作为一个务实的球员，在赛场上跑得最多，为维持比赛的平衡做出了很大的贡献。可是在英国，大家对他的评价并不高。虽然这听上去让人觉得有些愤慨，可事实就是如此。这是为什么呢？也许这其中有种族歧视的原因。可是，这个理由并不充分。仔细思考一下就会发现，也许是因为朴智星没有压倒队友的球技，或者说他没有自己的个性。在大众眼中，他没有比别的选手更突出的形象，所以虽然他的实力不错，可还是受到了很低的评价。

想想影片《王的男人》中的李俊基和《老千》中的金润释吧。他们在出演各自的影片之前都只是不起眼的小配角。但是在《王的男人》和《老千》中，他们利用自己的个性展现出了自己的存在感，获得了观众和导演的好感，赢得了亿万观众和导演的心。这就是他们扬名立万的原因。

但是，并不是说只要演技或形象具有个性就足够了，在塑造个人形象时也需要认真考察，要不然只会重复失败。

40岁的孙先生至今单身。他经营着一家小广告公司，情况跟上面说的相似。当他抱怨说自己已经好多次被女子拒绝了的时候，我让他跟我描述了第一次跟女孩子见面的情形。

"女孩了不是都对包包很感兴趣吗？所以我常常从她那天拿的包包开始找话说。我有很多制作包包广告的经验，在这方面我可谓是行家。"

看来他是把对包包的了解当成了个人技艺。

"这是××产品啊。我觉得这个牌子的产品很特别，你觉得呢？"

"是的，我觉得它的设计新颖，所以就买了。"

"听说××品牌这次新出的产品也不错。材质还算可以，扣环的设计也很独特，很受女孩子们的欢迎。啊，对了，××包包上季度的广告还是我设计的呢。"

他总是这么跟人聊天。很明显，对方十有八九会觉得孙先生是在显摆自己懂得多。所以，直到现在孙先生也没找到自己的另一半。如果对方一开始就觉得你是在"装"的话，那什么战略也无济于事了。此外，孙先生失败的原因还在于他只用语言来树立自己的形象。一般情况下只说或听不会给对方留下深刻印象，至少应该配合某种表演才行。只有这样才能刺激对方的感觉，让对方对你产生好感。

也许你会问，我们对任何一个人都有特定的印象，有必要非得在初期的气势争夺中费这么多心思吗？这是有必要的。据研究结果显示，人们在初次见到某个人的时候，会在 3 秒之内判定是否喜欢对方，在这 3 秒内形成的初印象在评价时占了 70% 的比例。这就是所谓的初始效应。

印象一旦形成后就很难改变。就拿美国职业摔跤团体 WWE 来说吧。WWE 的原名是 WWF（World Wrestling Federation，世界摔跤协会）。它在 20 世纪 80—90 年代达到全盛期，受到了很多人的喜爱，甚至还以 WWF 的名称被收录到英语词典中。但是，因为跟某一世界环保组织的缩写一样，遭到起诉后败诉，将名字改成了 WWE。可是，通过 AFKN① 可以发现，过去经常看美国摔跤比赛的 30 ~ 50 岁的人大多数还是把美国职业摔跤团体称为 WWF。

像这样，在头脑中留下的印象是很难改变的。所以，我们总是对第一印象花很多心思。不要忘了，第一印象，也就是维持彼此关系的开始，也

---

① 专为驻韩美军播放的电视频道。

是独属于你自己的形象。

在社会生活中也一样。在交易对象中，如果给他们留下一种特定的印象："啊！洪吉童，那个唱歌很好的科长！"或"啊！金哲珠，学总统声音很像的人！"这是在与对方的关系中争夺主导权的证据。很明显，这早晚会给自己带来业务上的利益。因为在必要的情况下，比起那些根本分不清谁是谁的业务对象，人们更有可能联系那些给自己留下明确印象的人。但是，不要仅仅满足于当前的形象，故步自封。俗话说，"流水不腐，户枢不蠹"，随着情况和时代的变化，形象也要发生新的变化。

在 G 公司上班的汽车销售经纪人英奎不仅脸长得很有喜感，而且整个人活力四射。他就像村里的小伙子一样随和，顾客跟他相处的时候没什么负担。因为这种温和的长相，他每个月的销售量都维持在中等水平，从来不垫底。每当看到销售冠军受到嘉奖去国外旅游的时候，他也很羡慕，却总是自我安慰："中间水平的销售业绩已经很不错了。"可是后来，由于经济状况越来越差，他的销售业绩也开始慢慢下降，到最后甚至连一台汽车也卖不出去了。

英奎很苦恼，决定跳槽去另一家经营高价进口品牌汽车的 M 公司。因为他看了一则新闻报道说即使经济状况变差，高档车的消费也不会出现下滑。两个月后的一天，他来找我。

"我到现在为止还是一辆车也没卖出去。到底是为什么呢？真是难受啊。"

"要不你就再回 G 公司。"

我给了他最现实的答案。

"走到现在这个地步，我已经不能再回头了。当初我辞职的时候也下了很大的决心，我就算死也得死在 M 公司。"

我直直地盯着他，说：

"你留小胡子试试吧。你是长脸形，留胡子显得成熟些。"

我觉得问题在于他看上去太年轻、活泼。

M 公司跟 G 公司不一样，它是一个高档品牌。顾客希望经纪人也能负责 A/S 或服务这一块，所以经纪人的责任极为重大。对于 M 公司的顾客来说，比起温和明朗的长相，他们更偏爱成熟、值得信赖的长相。

"性格是没办法改变的，可是我们至少可以试着改变一下看上去有些年轻调皮的长相。"

英奎开始按照我的建议留起了胡子，为了让胡子看上去更浓密，他还涂了药。过了四个多月，他销售的汽车数量开始慢慢增多，从那之后又过了没多久，他创下了公司销量纪录。现在他手下有两个助手，成了 A 级经纪人。

虽然英奎离职去 M 公司后的成功离不开自己的认真和努力，但是勇敢果断地丢掉原来的形象，来一个 180 度大变身，是他成功最大的因素。大多数人很难丢掉自己原来的形象，他们害怕新的变化。当丢掉原来的形象、改变原来熟悉的习惯时，他们会害怕承担随之而来的风险。所以，只有像英奎这样没有后路可退的时候，才会硬着头皮尝试变身。英奎如果再早一点决定变身的话，说不定会收到更多的利益，在更短的时间内成为一名 A 级经纪人。

像这样，只属于你自己的初印象战略，是让对方把你当成一个重要人物的核心战略之一。对方把你当成一个重要人物就意味着在你们的关系中你占据了主导权。可是，如果你觉得主导权已经被对方夺走的话，就应该考虑一下是不是自己的形象战略失败了。如果判断形象战略失败了的话，不要犹豫，像英奎那样勇敢地重新挑战，塑造一个全新的自我形象吧。

26
不贪便宜，知恩图报

　　金科长是一名工程师，他经常跟客户赵科长一起去喝酒。金科长是收货公司的负责人，而赵科长是供货公司的负责人，两人之间在合同上是甲方和乙方的关系，虽然看上去貌似很亲近，实际上并非如此。作为乙方的赵科长为了使双方关系更融洽，在公司接待之余，还经常抽时间跟金科长见面拉拉关系。

　　那天金科长和赵科长吃晚饭的时候喝了一瓶烧酒，两个人都有点醉了，想着要是就这么分开有点可惜，于是就去附近酒店二层的酒吧继续喝。金科长先坐在酒吧柜台旁点了两杯威士忌。事情就发生在这个时候。

　　"金科长，你钱包掉了。哇！你随身携带了这么多现金啊？"

　　赵科长捡起掉在地上的一个黑色钱包说。正如他所说，钱包里装了很多现金，感觉钱包的缝线都快被撑破了。金科长看着钱包犹豫了一会儿，他心想那个钱包里面肯定装了很多钱，当然了，那个钱包不是自己的。虽然他特别想装作不知道偷偷把钱包拿走，可最终他还是改变了主意。

"这不是我的钱包啊！"

金科长一边说一边看向吧台招待那边。吧台招待正忙着倒威士忌，他肯定不知道这边有个钱包，更没听见赵科长刚才说了什么。

"谁捡到就是谁的了呗。"

金科长一直偷偷注意着吧台招待，半开玩笑半认真地对赵科长说。他的语气透露了他的心思："反正也没人看见，要不咱俩平分了吧？"可是赵科长丝毫没有动摇，直接拿着钱包问服务员记不记得刚才坐在这个位置的客人。服务员含含糊糊地说那个客人是第一次来，好像是个日本人。从表情和口气可以看出，他并不想卷入这次钱包事件中。

"看来命中注定咱们要把它带走喽。"

看到服务员冷淡的态度，金科长又一次笼络赵科长。可是赵科长说要找找那个日本男人，他在大厅里找了好久，最后终于找到了钱包的主人，物归原主了。钱包的主人是一个日本旅客，他用尊敬的眼神看着赵科长，连连道谢，请赵科长和金科长喝了香槟酒后，大家都高兴地回去了。

可是自从那天之后，金科长和赵科长的关系发生了变化。在这之前，金科长有事没事都会把赵科长喊出来一起吃个午饭，可现在再也没叫过他。难道是因为那天晚上目睹了赵科长的不卑不亢吗？就算赵科长给他打电话说要请他吃午饭，他也借口说公司开会没时间，总是用各种借口推掉。以前他总是动不动就对赵科长说"产品质量不合格""质量不好"，现在这种情况一下子减少了很多。可笑的是，后来两个人竟然都去了同一家公司上班，更可笑的是金科长成了赵科长的下属。

从上面的事例可以看出，一个人的不卑不亢会让别人对他做出二次评价。可这里有一点需要注意，不能把不卑不亢和莽撞混为一谈。如果扯着嗓子骂人，或者因为在意别人的眼光勉强喝酒的行为不是不卑不亢，而是莽撞。这种莽撞的行为不仅不会让别人感动，反倒会让别人感到不舒服。

区分不卑不亢和莽撞最简单的标准是看其能否付诸实践。俗话说，"见蚊拔剑，敬而远之"，连蚊子也砍的人是不卑不亢，而拔出剑什么都不砍的人是在耍莽撞。

区分不卑不亢和莽撞更重要的标准就是有无受害者。比如说，有人说"我要去银行偷 1 亿韩元"，一般情况下他连 1 韩元也不会偷的概率是99%。所以，说这种话的人只不过是在耍贫嘴，是一种莽撞的行为。但是如果真的偷了 1 亿韩元的话，因为他的这一行为，银行或很多存款人都会遭受损失。即不卑不亢是关乎道德和人性的问题。

只有能付诸实践，且没有受害者的行为才能被称为不卑不亢。前面提及的赵科长的行为可以看作是一种不卑不亢的行为。不仅没有受害者，而且他还把还钱包的想法付诸实践，避免了日本旅客的经济损失，给别人提供了帮助。在这里，赵科长还有一点值得称赞。那就是他自始至终都没有犹豫。如果他犹豫了并为此纠结的话，他的行为就不是不卑不亢，而是不得已而为之了。那么，他的行为对金科长的冲击就会减小，金科长对他的态度也就不会发生很大的变化了。

在谈到不卑不亢的时候，还有一点需要注意，那就是度量和宽恕，即度量和宽恕能让对方感受到你的不卑不亢。普通人会被你的度量所折服，从而主动地交出主导权。

我从一个饮食服务业的相关人士那里听过一个故事。某个员工在直营店负责大厅管理工作，工作几年后，他申请去总公司当白领。可是，事与愿违，他没被分到总公司当白领，却被分到连锁公司做了仓库管理员。对此他表示十分不满，于是就辞职了。

"不在这儿工作，我也有别的地方可去！"

他愤愤不平地离开了公司。可是，他向别的公司投的简历都被否决了，好不容易进了一家公司，工作条件却不怎么样，不仅没有工作岗位转换制度，而且公司管理一片混乱。他混了一年，期间还被骗，攒的钱都被骗光了。他觉得特别无奈，开始上网找兼职。偶然间看到自己曾经心怀不满、辞职不干的饮食服务公司的一则招聘启事。他思考了好几天，最终鼓足勇气投了简历去面试。

面试时，社长确认了他以前的工作经历后说：

"你能再回来，我真的很高兴。以后好好努力吧！"

那一刻，他心里得到了莫大的安慰。重新回到公司后，他努力工作，现在已经是某直营店的店长了。也许他从心胸豁达的社长身上感受到了对方的人格魅力，于是对社长产生了绝对的信任。

像这样，度量和宽恕不是试图贬低并掌握对方，而是认定对方，偶尔抬高对方，让对方自觉地弯下腰。这时候，主导权就自然而然地偏向了心胸豁达的一方。

谈论的不卑不亢的根本在于尊重对方的人格。此外，不计较细枝末节，把精力放在大事儿上。所以，不管是什么形态的不卑不亢，只要让对方感受到这种不卑不亢，对方就不会瞧不起你，反而会看你的脸色，并观察氛围。

在对方观察你脸色的时候，你就可以好好利用这段时间了。

同时，对方会对你产生一种敬畏心和好感，他一定会忍耐更多。这种心理就跟向有事业能力的熟人借钱更容易一样。你做出了忍耐和让步，以后肯定会得到相应的回报。

但是，这里还有一点需要注意。俗话说"功亏一篑"，这种不卑不亢的形象也有可能在一瞬间被摧毁。不卑不亢的天敌是脸面被损。你那种心胸狭窄或想占便宜的样子会在一瞬间将不卑不亢的形象摧毁殆尽。所以，千万不能让别人看到你想占便宜的样子。此外，如果你从对方那里得到了好处，一定要记得回报。

如果你从不向对方免费索取，那么他们也就不能用别的对策来夺取你的主导权。最终，不收免费的东西才是免受对方攻击的基本战略，同时也是不失掉不卑不亢的姿态、保全体面最好的方法。

27

人脉丰富，人生不一定富足

偶尔会有人问："你的手机里储存了多少个号码？"对方做出回答后，他们还会发牢骚："哎哟喂，你认识的人这么少，工作生活能顺利吗？你快去多认识些人吧。"说这种话的人，一般手机里都会存着好几百个号码，手机总是不停地响起，周末要见各种人，忙得不可开交。在人脉就是力量的现代社会，有时候人脉广也可以说是一件值得羡慕的事情。

但是，并不是说认识的人多，那个人就一定优秀或善良。经常被人说人脉广的人，大多很会处理跟对方的交易，这跟人性无关。同时，他们一般不会跟其中的某个人深交，而是保持一种水平的关系。所以，他们大多关系网很广，但是也很浅。这也就是说，他们的人际关系在量上占绝对优势，可是在质上不敢恭维。虽然有时候会有量比质更重要的情况，但是在人际关系中质比量重要。又广又浅的人际关系徒有其表，没有任何实际内涵。

"今天晚上得招待客户部长，可是预算不足了。最近公司的情况不太景气，公务招待卡也不能想用就用了。今天你要是能帮帮我就好了。"

在 K 公司上班的金科长听了上司命令自己去招待客户部长的指示后，就想起了郑室长。性格稍微有些内向的金科长因为工作关系认识了郑室长，他们之间已经不分彼此地联系好久了，所以他偶尔也会像今天这样拜托郑室长帮忙解决与公司无关的个人问题。人脉并不广的金科长不怎么喝酒，所以不知道应该去哪儿招待客户部长。他觉得与其自己盲目决定，还不如拜托因平时人际关系广而出名的郑室长更好，于是就给郑室长打了电话。

"嗯，好，你说就行。只要是我能帮上忙的，我一定帮。"

"你知道很多价格合适、氛围还显高档的餐馆吧？不是有那些特别优惠的地方吗？"

郑室长咯咯地笑着说知道。

"金科长，你要是平时能多扩大一下人际关系该有多好！在三城洞那边有个 ×× 韩式套餐厅，要是说我介绍的，他们会好好招待你的。我先打个电话给那边，你别担心。"

金科长去郑室长介绍的那家餐厅跟交易处的部长一起愉快地共进晚餐后，确认结账单时吓了一跳。

"怎么这么贵？他分明说要打电话提前帮忙打个招呼的……"

金科长以为是账单算错了，于是趁交易处的部长去卫生间的工夫，叫来了餐厅的社长。

"郑室长说提前打过电话了，怎么价格还这么贵？"

"啊？这个价格已经给您打了很高的折扣了。"

"那要是郑室长亲自来也是按这个价格算吗？"

金科长无奈地问。餐厅社长露出一脸尴尬的表情说：

"其实，郑室长只来过一次，我们一点儿都不熟。等下次我一定按特价招待您，今天就先按这个价算吧。"

金科长觉得比起社长的回答和账单，郑室长更让人觉得无语。郑室长整天就知道炫耀自己宽广的人际关系网。

"这次我又新换了手机，原来的手机上存的号码得有 2 000 个，把这些号码全移过去真是太浪费时间了。"

一听郑室长说手机上存的号码有 2 000 个，金科长暗暗吃惊。对于只跟少数人维持亲密关系的金科长来说，郑室长的人际关系真是太好了。郑室长认识旅游、证券、金融、汽车等各行各业的人，他说无论何时只要开口他就能帮忙联系那些人。金科长理所当然地以为，所谓的联系就是指能得到很多优惠。可是，郑室长跟他认识的人之间的关系太浅，还没到能优惠的地步。也就是说，郑室长其实只不过是认识那些人而已。

不久后，郑室长被公司解雇，到处游荡，最后回到了家乡。偶尔金科长给他打电话的时候，他还是会说大话，比方说自己现在跟家乡的大官、村里的有志之士，包括超市主人都很熟，只要金科长去玩儿，他一定好好招待。可是，现在金科长也知道了，不管是在城市还是在家乡，郑室长没有关系特别好的朋友，他是因为孤独才说大话的。

在我们身边，不乏像郑室长一样的人。他们人际关系广，可交情都不深。他们的性格一般都积极活泼，经常见很多人，然后交换电话号码，积极参加各种聚会，他们坚信宽广的人际关系是在社会上成功的捷径。当然，他们的想法不一定错。在现代社会中，人脉确实是必不可少的因素。

但是，认识很多人跟人脉好不能等同。当某人真的站在你这一边的时候，才意味着建立了人脉，即人脉是在人际关系中形成某种程度的主导权时建立的。不管认识的人有多少，在关键时刻需要他们的时候，如果没有人能站在你这一边，也没有人向你伸出援手，你就是一个没掌握关系主导权的人，同时也是一个没有人脉的人。相反，即使人际关系窄，如果有站在你这一边的人，那么你就是一个拥有真正人脉的人。也就是说，在人际关系中，重要的不是量的多少，而是质的高低。

不过，也不是说宽广的人际关系就一定不好。如果跟很多人认识，但只跟其中少数人维持较深的人际关系，也不会有什么问题。我主张的核心是，在人际关系中不能无条件地一味追求量的多少，应该在质上多花些心思。

人际关系质量的提高，不仅会加强相互之间的信赖，而且会加深彼此之间的了解。如果你能准确掌握对方的价值观或判断标准，也就意味着掌握了应对他的方法。那么，你就能让对方按照自己的意愿往前走，这也就意味着在与对方的关系中，你掌握了主导权。

某天，报社发行人张代表喝着茶问：

"李老师，您知道隐退后最容易受骗的人是哪种人吗？"

"谁知道呢。你怎么看？"

"就是记者。记者隐退后最容易受骗。"

张代表哈哈大笑着回答。我觉得很意外，于是问：

"你也是记者出身，为什么会这么想呢？"

"记者为了写报道，会认识很多领域的人。可是写完报道后，就会跟那个领域、那个人疏远。这也就是说，记者的人际关系虽广却不深。所以，时间久了就不知道该怎么跟人相处，也没有深交的人了……然后，有一天隐退了。在没人可信任、没人可帮自己的情况下，就想着自己做点什么事儿，冒冒失失地出来后就容易被骗子欺骗。"

在某种程度上能控制对方的人际关系是好人际关系。如果你仅仅是认识好多人的话，那就该好好重视一下建立人际关系的方法了。

要想建立亲密的人际关系并不容易，为了建立这种人际关系需要付出坚持不懈的努力。这里所说的努力的核心就是站在对方的角度去思考和判断问题。站在对方的角度看问题，能猜透对方的心思，甚至能知道他是用什么标准去判断问题，然后就能更顺利地掌握对方了，即在主导权争夺中会更加得心应手。

此外，为了建立良好的人际关系，还要学会多认真倾听。当对方说的话很多时，把它当作对方对你的一种投资。因为对方对你感兴趣，所以才会把自己的时间投在你身上，对你说了那么多的话。有人愿意为你投资，这是一件多好的事儿啊！如果你表现出倾听的姿态，对方会跟你说更多的话，甚至会说出一些从未跟别人说过的私事。那么，对方就会不自觉地认为你们彼此已经成了很亲密的好朋友。以后当你有需要的时候，他一定会尽力为你提供帮助。

第四章

互利共赢

28
小证据胜过大道理

一般情况下，无论是多么有道理和说服力的东西，如果没让别人亲眼确认，就很难得到对方的认可。代表性的例子就是玻尔兹曼（Ludwig Edward Boltzmann）。

现代科学家称玻尔兹曼是无秩序理论的天才和将熵定量化的最高物理学者。可是，玻尔兹曼是一个很不幸的学者，他在世的时候一直没有机会向世人证实他的理论。他之所以如此不幸，首先是因为时代状况不允许。玻尔兹曼生活在19世纪的哈普斯堡王朝时代，从16世纪开始曾以意大利为中心繁荣的巴洛克文化开始衰退，当时处于新旧时代交替时期。政治和艺术领域，包括哲学、数学、物理学等都特别强调学术的确定性，人们相信神创造的绝对范畴是永远都不会发生变化的。当时，物理学也不例外，也认为神创造的物理秩序应该得到人们的认可。可是，与当时的社会氛围相悖，玻尔兹曼主张物理学规则并不是神创造的，而是原子的任意组合。

这一主张与当时的时代观念不符，毫无疑问，玻尔兹曼受到了大家的排斥。

可是，玻尔兹曼之所以没受到人们的认可，不只是因为当时的社会氛围不好，最根本的原因在于他的主张是以看不见的原子为依据。在当时的物理学界，他这种无法让人亲眼证实的主张是无法被人理解和认可的，人们甚至认为他的主张会打破物理界的确定性。当时社会影响力最大的科学家、哲学家马赫（Ernst Mach）批判玻尔兹曼：

"到底有什么依据来谈论这种看不到也感觉不到其必要性的原子呢？"

由于受到外界社会彻底的无视，玻尔兹曼的精神陷入极大的孤立状态，最终于 1906 年夏天，他在亚得里亚海东北部的的里雅斯特附近的杜伊诺湾自杀。两年后，也就是 1908 年，法国物理学家让·贝汉通过实验成功证明了玻尔兹曼的理论。在一个多世纪之后的今天，学术界这么评价玻尔兹曼：

"如果玻尔兹曼在 30 年后的欧洲提出这样的理论，也许他会被称颂为人类最棒的物理学家。"

玻尔兹曼的事例又一次证明了"人们只有亲眼看到才会更相信"这一事实。人类的"五感"中，本能反应最快的感觉是视觉。也许正是因为这样，我们才经常说"拿出证据来看看"这种话。虽然人与人之间有差别，可是在做出客观判断的时候，视觉效果是绝对性的。

比如，假设一个骗术高明的老千一个小时不停地说"就像我刚才说的那样，赌局是有骗术的，一定要小心"，也许会有人摇头、发牢骚表示自己压根儿就听不懂他在说什么。可是，如果这个老千直接把骗术展现在人们面前，然后告诉人们赌局中存在骗术的话，人们应该会在产生共鸣的同时，心里暗暗想以后一定不能赌博了。

也就是说，一万句话的说明也抵不上让对方亲眼看一次的效果。当那些梦想一夜暴富，想向我学习赌博的年轻人来找我时，我总是会先向他们展示赌博的骗术，然后对他们说："你会做这个吗？如果连这个技术都不会的话，将来你会在赌场把全部的财产都输光。"听我这么说，大部分人都直接放弃赌博，回家去了。

可是，有时候有些东西需要用语言来说明，有些情况很难展示在别人眼前，对于学校老师和大学教授更是如此。他们需要用语言来传授自己的学识，可有时候他们也会处于主导权争夺中。那时候，如果只想在教室用语言向学生说明或用语言来论证自己的主张是行不通的。因为，当自己提出能用眼睛确认的证据时，会被对方压倒，最终让出主导权。

经常看电影或电视剧就会发现，那些被别人信赖的角色大部分都沉默寡言。由此可以看出，电影或电视剧以大众为对象，大众判断话少的人值得信赖。到现在为止，被拍成电视剧和电影的《三国演义》中的刘备就是此类人物。

刘备贤明智慧，是一位爱国亲民的典型人物。他的武艺并不高强，军队人数也不多，即便如此，他却能把关羽、张飞、赵云、诸葛亮等优秀的人才留在身边，就是因为他通过实际行动取得了他们的信赖。即刘备不讲空话，通过实际行动成了他们的领导者，掌握了主导权。

不管是以前还是现在，都不乏空口说愿意为了国民牺牲的政界人士。刘备跟这些政界人士不同，他直接去早市和身份卑微的人一起吃饭，倾听他们说的话。竞选临近时，我们经常能看到一些政界人士去早市"亲民"，我想他们应该是在对刘备当初的行为进行"创造性再学习"吧。

刘备生活的时代身份等级制度极为严格，所以当时刘备的行为应该算是破格了。他亲自走到劳苦大众中跟下层百姓接触，因此他得到了百姓的认可。在大家看来，他不是一个只会说空话的领导人，而是一个用真心疼爱百姓的领导人。同时，他这种行为因为是一个早就彻底计划周全了的心理战略，所以，他的举动很快就在人们口中广为流传，一传十，十传百，最终大家就都觉得他是一个为百姓办实事的领导人了。刘备通过这种战略最终取得了百姓的信任，掌握了主导权，甚至后来即使战败归来，在他作为领导人地位岌岌可危的情况下，也没有丢掉主导权。百姓已经把自己的心完全交给了善于用行动说话的刘备。

把言语付诸行动或提出符合言语证据的人，会得到对方的信任，最终取得主导权。相反，没有行动和证据、只会夸夸其谈的人，就像喊"狼来了"的放羊娃一样，会慢慢失去人心，在某一个瞬间失去所有的人的信任。所以，要想掌握主导权，不要说空话，应该努力用行动去支撑自己说过的话，即把言语付诸行动，努力准备证明言语的证据。

29
爱他之所爱

　　要想了解初次见面的人喜欢什么并不难，只要观察对方的着装和行为，并跟他对话几分钟，基本上就能立即缩小他喜欢的范围。

　　首先，可以根据以下几种方法了解他到底更喜欢身体活动，还是更喜欢精神活动。如果他穿着运动鞋或穿着高尔夫品牌的衣服，手上有老茧，那他很有可能更喜欢高尔夫或登山、网球等身体活动。如果根据这些信号询问对方"您好像很喜欢运动吧"的话，十有八九会听到他回答，"是的，我喜欢高尔夫""我每周末都会去爬山"。皮肤颜色黑或不喜欢喝酒吸烟，这两点也是喜欢身体活动的证据。

　　假设初次见面的人更喜欢精神活动。如果对方是一个男人，那么他喜欢的活动对象的范围会比喜欢身体活动的男人窄很多。因为大部分成年男子不怎么活动，他们缓解压力的方式一般是手部运动，即电脑游戏、象棋、花图①、股票投资等。如果这些都不是，那很有可能是喝酒、钓鱼、读书。如果对方是一个女人，那大体就分为五个范围，即购物、品美食、洗桑拿、旅行和聊天。

通过着装和打扮的方式也能区分。把外表打扮得很华丽的人一般都觉得外貌好坏是人际关系相处中的主要武器。这种人很可能依赖与别人的关系，对对方的依赖性很强。相反，打扮平平的人不怎么关心别人对自己外貌的看法。比起人际关系，他更愿意沉浸在自己的世界里。一旦与别人建立人际关系，他比较倾向于影响别人，而不是受影响。这种人不怎么关心外貌打扮，更注重的是自己的职业或与真实生活相关的东西。

可是，仅通过外貌去具体了解对方喜欢什么存在一定的局限性。对对方有一定的了解后就需要对话了。但如果打破砂锅问到底，一个劲儿地追问对方喜欢什么后，感叹说"啊！我也喜欢呢"的话，很容易让对方察觉你是在故意套近乎。所以，为了不让对方有所察觉，应该隐藏自己的意图，随便说一些诱惑性的话让对方上当。比如，说一些诸如"最近股票市场一片混乱啊""最近国库投资增长收益好像有所变化啊"的话之后，看对方的反应如何。

有一次，恩英从纽约坐飞机去仁川，她用余光偷偷观察邻座的女乘客。女乘客正看免税店杂志上登载的红酒单，就像看考试的答案一样认真仔细。因为要跟她同行整整 14 个小时，于是恩英打算先搭讪打破这种局面。

"您喜欢达索特堡酒？跟我的爱好差不多呢。"

---

① 纸牌游戏的一种。

邻座的女乘客一惊，注视着恩英，然后把目光重新转移到杂志上说：

"是的，我想送给爸爸一份礼物。"

看到对方做出了反应，恩英更积极地说：

"那 2008 年的卡碧岛酒应该更好一些。我爸爸是一位红酒爱好者，以前我也给他买过一次，他很喜欢。"

对红酒不怎么了解的邻座女乘客听了恩英的话后虽然觉得买卡碧岛酒更好一些，可是太听从别人的话又显得伤自尊，于是她决定询问乘务员。

"达索特堡酒和卡碧岛酒，哪一种更好一些呢？"

乘务员回答说卡碧岛酒更好一些，直到这时，邻座女乘客才听从建议，结账买了卡碧岛酒。

"多亏了你，我才买到了这么好的红酒。谢谢。"

邻座女乘客对恩英表示了感谢，以此为基础，两个女人尽情地聊着天，度过了漫长而又无聊的飞行旅程。互相了解后才知道两人都在时尚界工作，算是同行，这个共同点让她们瞬间成了朋友。两人后来成了无话不谈、相互帮助的好朋友，就连离职之类的苦恼也会互相商量。

她们之所以能建立如此亲密的人际关系，不得不归功于飞机上恩英推荐的卡碧岛酒。可实际上，恩英对红酒并不了解，她只不过通过余光看到邻座女乘客的手表和鞋子都是名牌，觉得比起 10 万韩元一瓶的红酒，20 万韩元一瓶的红酒更适合她而已。可是，免税店杂志上登载的红酒单没写卡碧岛酒，只写了 20 万韩元的万代红酒，所以她就推荐了卡碧岛酒。作为乘务员来说，当然希望卖出单价更高的商品，所以恩英推测乘务员一定会跟自己一样推荐卡碧岛酒。

如果初次见面的人喜欢的东西跟自己喜欢的东西完全一样的话，我们一般都会慢慢卸下对对方的防备。更进一步地讲，如果现在我关心的东西对方也很关心，就会很容易认定对方以后会跟自己成为同一伙人。所以，我们有必要对对方关心的东西表现出自己的兴趣。

　　这时候还需要注意观察对方的眼光。如果当初恩英推荐的不是 20 万韩元一瓶的红酒，而是 1 万韩元一瓶的，两个人很有可能成不了朋友。相反，如果向消费能力 5 万韩元的人推荐好几十万韩元的红酒，对方也会对你产生一种疏远感。

　　还有一点建议，那就是做出夸张的反应。虽然很多情况下，太夸张的反应不利于人际关系的构建，可是如果只对对方喜欢或感兴趣的东西做出夸张的反应，效果还是不错的。比如，看到对方的孩子时，夸张地表现一下喜欢；去对方喜欢的小吃店时，夸张地说一句："我长这么大第一次吃这么好吃的东西！味道真是棒极了！"对对方喜欢的男子，多多少少夸张地说一句："真是太帅了！你真幸福！"对方就算知道你说的话有所夸张也还是会很高兴。因为他会觉得自己喜欢的东西你也喜欢，你跟他是一伙儿的，心里会觉得更踏实、更开心。

　　奥地利维也纳的夏天正在欢庆歌剧狂欢节。从 1913 年开始，2013 年终于迎来了它的 100 周年诞辰，世界级的演员表演了古典名作《安魂曲》《阿伊达》《图兰朵》等。每年，世界各地的众多游客都会来维也纳看歌剧。导游李善带领的三名韩国男游客也是如此。这三名男子是公司普通员工，他们在李善的带领下高高兴兴地结束了在罗马的旅程后，为了观看歌剧狂欢，来到了维也纳。

他们检票进室内剧场看了歌剧《图兰朵》。李善看着壮观的表演场，心里突然有些兴奋和伤感："我也曾梦想在这种地方演出来着……"一时间百感交集。李善曾作为一名声乐系的学生，在意大利留学有5年之久，她接受了不确定的未来和自己能力的限制后，最终放弃了自己的梦想。可是，回到韩国后又觉得很难适应社会，于是利用自己会意大利语这一优势，做了一名意大利导游。

　　随着演出的推进，三名游客中的两名男子因为天气炎热和姿势不舒服，好像没法聚精会神地观看演出。可是另一名男子才俊却托着下巴一动不动地观看着演出，好像被完全吸引住了一样。第一场演出结束后，到了休息时间，才俊走到李善面前表示感谢说："我第一次看到这么令人感动的演出，这都是托您的福。"看到才俊这么喜欢看演出，李善心里觉得很满足，于是告诉他自己曾是一名声乐系的学生。两个人因此开始兴致勃勃地聊演出中出现的演员和里面的咏唱曲目，聊了好久。演出结束后，两人去了广场前面的露天街，继续聊演出，偶尔还聊聊人生，不知不觉就聊到了深夜。在这一过程中，李善逐渐对如此喜欢古典音乐的才俊心生爱慕，甚至感受到了一种莫名的安心，觉得才俊是能理解自己的人。听说回国后不久，李善和才俊成了恋人，由此她对艺术的感情和意志又重新被点燃，又开始了自己曾放弃的声乐学习旅程。

　　像这样，把初次相见的人变成自己人的最好方法是喜欢对方喜欢的东西。这样对方就会觉得你和他的人生目标或价值观相同。从现实中最简单容易的方法开始吧！

　　比如，试着讨厌对方讨厌的食物，喜欢对方喜欢的食物。这跟高中时期很多人会因为共同喜欢某个歌手成为亲密无间的朋友是同一个道理。对象不一定非得是食物，别的东西也可以。从一种东西开始，然后慢慢扩大到两三种，甚至更多，你会慢慢觉得对方跟你是人生目标或价值观相同的人。那么，对方也会把你当成自己人，然后努力喜欢你喜欢的东西，费尽心思迎合你。

30
控制了感情，也就得到了利益

　　人际关系总是复杂微妙的，人际关系中的主导权之争也总是复杂微妙的。根据想要掌握主导权的目标、对象，以及事情重要性的不同，主导权有可能一次就能争夺到，也有可能需要长期奋斗。所以，很难在主导权争夺中建立一个固定的公式。因此，应该根据对象和情况的不同提出相应的战略，有时候甚至有必要把主导权故意让给初次见面的人。为什么要这么做呢？暂时放弃主导权，是为了以后再拿回来吗？这是因为主导权争夺的目标不在于争夺主导权自身，而在于实际利益。也就是说，我们都是为了取得最终的实际利益才争夺主导权，并不是为了取得主导权本身。可是，很多时候我们总是把注意力放在主导权本身上，却忽略了实际利益。

　　SBS电视台有一个叫《成双成对》的节目很受欢迎。这个节目之所以成功，是因为它由几女几男共同出演，在节目中让他们找到互相适合的另一半，以此来吸引观众的注意。可是，我觉得它之所以成功，是因为赤裸裸地展现出了人想要掌握主导权的本性和因此种本性导致失利的过程。

假设 A、B、C、D 四名女子和 E、F、G、H 四名男子出演。在观众看来，这八个人都有各自不同的特性，观众内心已经给这八个人排好了顺序。他们在心中暗暗想女子中 A 最好，男子中 H 最好，然后一边看一边好奇地猜测他们最后会跟谁成为一对，又或者压根就没配对成功。可是，其实演出者也会暗暗给对方排顺序。他们给对方异性排顺序虽然没在节目中直接表现出来，可是这排序是确确实实存在的。

偶尔节目中会出现那种比其他几人外貌更俊秀、性格更好的人。假设女子 A 就是那样独一无二的人。这时候，四个男子就会把注意力全部集中到 A 身上。可是，后来你会发现，四个男子之间的争夺已经跟 A 本身无关，只不过是男人跟男人之间自尊心的较量，这难免让人觉得心酸。他们都不想输给对方，较量的性质已经发生了根本性的变化。所以，即使知道女子 A 对男子 E 最有好感，F 或 G 还有 H 这三个男子还是会继续挑战，最终别说跟 A 了，就连同 B、C、D 结合的可能性都失去了。

这个节目原本的意图是想让他们彼此了解，从中找到适合自己的另一半，可是之所以很多时候没能配对成功，大多是由于人类的本性所致（尤其是竞争心和支配欲强的男子更容易犯这种错误）。如果出演节目的人都收起不想输给对方的竞争心理，只把精力放在寻找最适合自己的另一半上，也许配对成功的概率会高很多。

找到适合自己的另一半后，每个人都想在与对方的关系中掌握主导权，只不过这种心理的强弱程度因人而异。没人会压根不想掌握主导权，或主动放弃主导权。因为主导权是生存的本能。主导权被对方抢走后，自己会受到什么样的伤害是无法预知的。所以，为了提前防止这种有可能发生的、无法预知的伤害，我们都会想着自己应该首先掌握主导权。

尤其是当你看到对方软弱的一面时，你对主导权的欲望更容易变大。这时候，你不再是为了防止前面提到过的伤害，而是被保护弱者的动物性欲望支配了。

这种动物性欲望是人的本能，所以很难控制。但是，众所周知，由本能做出的行为会带来很多损失。那么，如何管理这种本能感情呢？

人在与对方对立的时候，一般会经过三个阶段的感情变化。第一个阶段，报复心、兴奋、欲望、愤怒、固执等；第二个阶段，对前面所发生状况的预感、不安、焦躁等；第三个阶段，失落感和平静感等。大部分人在感受到第一阶段感情的时候就会瞬间沦陷，冲动地把这种感情转化为行动。相反，当产生第二阶段感情的时候，会犹豫到底要不要把这种感情付诸实践。在第三个阶段中内心平静，观察着全局，进行伦理性的思考，并根据这一思考做出行动。

要想通过主导权获取实际利益，绝对不能在第一阶段做出行动。当你感受到支配欲或兴奋、愤怒、固执等感情时，应该深吸一口气，静静等待这种本能性的感情消失，等经过第二阶段到达第三阶段后再开始行动。

我们应该通过控制感情，用宽广的视野观察全局。重要的是不要忘了实际利益，不能把眼光放在眼前的主导权争夺上。藏在水里等待食物出现的鳄鱼看到正在接近沼泽地的角马后不会兴奋。它不会因为猎取食物的成败提前不安或焦躁，而是一动不动地等待角马慢慢靠近，然后当一头幼小的角马进入猎取范围后，直接张开嘴把它吃掉。就像鳄鱼的狩猎过程一样，我们不能随便地掌握主导权，为了找到更优秀的猎物，需要有控制本能感情的智慧。

赤壁之战中魏国的故事，就是恰当利用上面提及的有关主导权的本能感情获取实际利益的实例证明。

公元 222 年，魏、蜀、吴三国鼎立。为了一统天下，曹操凭借自己出色的统治能力和强大的军事力量，统一了北方。被曹操驱赶得一再撤退的蜀军连最后的堡垒新野城也被曹操军队攻陷，逃到了孙权统治的吴国邻近的江南地区。后来，曹操讨伐蜀国，实现大一统，强迫吴国投降。孙权考虑到曹操强大的军事力量，犹豫着要不要干脆直接投降。诸葛亮得知他这一心思后，为了让孙权回心转意，便找来吴国第一名将周瑜共同商议联合战略，并豪情壮志地向周瑜保证 10 天之内造好 10 万支箭，以扭转战势。趁着雾气弥漫，他弄了几艘空船向曹操的阵营出发。曹操军认为敌军竟想用几艘船夺取胜利，真是痴心妄想，于是就想干脆借此机会挫败敌军的士气，便向这几艘船射了很多箭。飞来的箭稳稳地插在船上，诸葛亮回收这些船，最终拿到了 10 万支箭。

那么，曾一度势如破竹的曹操为什么会出现这样的失误呢？那是因为他被瞬间本能支配欲迷惑了，只看到诸葛亮派来的几艘船就觉得敌军是在毫无防备地挣扎，在弱者面前，曹操产生了一种本能的对主导权的野心。最终，在动物性欲望的支配下，他没有周全地考虑到各种情况，就开始了强烈的攻击，反倒遭受了重大损失。

即使不像曹操一样犯了大的判断失误，我们周围也总是有一些由于对主导权本身的欲望而遭受失败的人。别人站在上面，自己就想比别人站得更高，这就是当代社会人最普遍的心理。可是，严格来说，主导权并不是在对方面前瞬间感受到的优越感。俗话说："真正的高手不是赢了很多局的人，而是能拿很多钱回家的人。"是否掌握主导权并不重要，重要的是通过争夺主导权最终获得更大的收益。

31

"不懂装懂"是愚蠢 VS "懂了装不懂"是智慧

优秀的谎话精和全世界的骗子都有一个共同点：假装自己什么都懂。要想神不知鬼不觉地欺骗对方，就得随着欺骗对象和状况的改变随机应变，假装自己什么都懂，引诱对方。

但是，要想掌握主导权，把对方变成自己人，不仅不能假装自己什么都懂，反倒需要我们有"懂也要装不懂"的智慧。很多人为了炫耀自己的观察能力，大谈对方的取向，好像对方是什么样的人自己都已经掌握得一清二楚了。如果你猜对了，对方会觉得好像自己被脱光了衣服示众一样，内心生出一种羞耻感。如果你猜的内容是对方的秘密，那对方的羞耻感就会增倍。此外，对方还会觉得在与你相处的时候不公平。只有彼此的了解一样多才公平，而你单方面地掌握了他的信息，这有悖公平原则。最终，对方会对你产生排斥感，不想暴露自己更多的信息，故意与你保持距离。

问题是当你知道某一事实时，把它藏在心里，在别人面前假装不知道，要做到这一点并不容易。在影片和电视剧中我们也经常看到有人发誓说，"我们一起把这个秘密带到坟墓里吧"，可是没过多久就告诉了别人。现实生活中也是如此。给国王制作头巾的匠人某天发现国王长着驴耳朵，可是国王下令说绝对不能告诉任何人。匠人一直苦苦保守着这个秘密，最终他得了重病，于是跑到竹林里大声喊："国王长着驴耳朵！"这则有名的寓言故事很好地向我们证明了要想保守秘密是多么难的一件事。

南原地区流传下来的寓言故事《仙女与樵夫》中，小鹿警告樵夫在仙女生下三个孩子之前绝对不能跟她说结婚的过程。可是，樵夫最终还是没忍住告诉了仙女，仙女一气之下带着两个孩子回了天庭。樵夫最终还是没能守住秘密。寓言是从很久很久以前流传下来的故事，这些故事也证明了让一个人保守一个秘密是多么难，也是多么重要的一件事。

十多年前，我曾参加过对牌赛。大赛进行两天后，很多人都被淘汰掉，只剩下 14 位选手，其中一位年轻的选手引起了我的注意。也许是因为觉得自己到现在为止都没被淘汰，所以很自信，难以控制自己的感情，他每玩一局都用下面这种方式夸耀：

"你摸到的牌是桃心 K 和梅花 10。"

他好像已经看穿对方的牌一样，脸上一副得意扬扬的表情。当然，对方摸到的牌到底是不是桃心 K 和梅花 10，他根本就不知道。不仅如此，他还故意张扬地说出自己摸到的牌："我有方片 6 和方片 K，太好了！"口气里满是不屑，感觉即使赢不了，也不会有什么问题。看着这个二十出头的小伙子，我心想"看来他快被淘汰了"。还没过 10 分钟，我的预感就变成了现实，他沮丧地离开了座位。

人所能做出的一万多种表情中，最有趣的是在知道了对方的秘密后所做出的混杂着自信的表情。人一般情况下喜欢隐藏真实的表情，以防感情直接流露出来。可是当知道对方的秘密后，会故意做出表情让对方知道。即使不直接说出来，也会用表情表现自己内心的想法，让对方知道"我已经知道你的秘密了，你就算再隐瞒也没有用"。这是想直接表现自己敏锐的观察力，让对方知道自己是一个特殊的存在，同时也是为了表现自己知道对方的秘密后有了自信。当从对方那里得到某种信息并确认这一信息属实后，自信感就会急剧上升，毫无根据地认为不管以后发生什么情况自己都能控制，而这种错觉正是自取灭亡的捷径。

草率心急的人习惯通过让对方知道自己已经察觉了他的秘密，向对方表示自己在信息掌握方面处于优势，觉得这样能警告对方不要轻视自己，理所当然地认为主导权在自己这一边，要想控制对方简直就是易如反掌。而这只不过是自己的错觉。当然，不排除有些判断力不足的人被他的这种想法动摇。但是，大部分人会产生一种强烈的不悦感，然后主动拒绝跟他建立人际关系。

安德鲁和普林斯是学校里有名的一对称"王"的好朋友。外表看来，普林斯踏实安分，而安德鲁却有些随性。有一天，受不了安德鲁的普林斯偷偷地把安德鲁在厕所吸烟的样子拍了下来，还拿给朋友们看。普林斯之所以这么做，是想让朋友们看到安德鲁的错误而讨厌他，然后自己做学校里唯一的"王"。结果却完全相反。朋友们虽然觉得安德鲁做得不对，却都疏远了普林斯，站在了安德鲁一边。原因很简单，虽然大家都知道安德鲁做得不对，但更害怕跟普林斯关系拉近，担心哪天他会像对待安德鲁一样把自己的秘密或私生活拿出来示众。对方的做法是对是错固然重要，但在分帮分派时，更重要的是看对方是否会泄露自己的秘密。普林斯本想损毁安德鲁的形象，把更多的朋友拉到自己身边，却招来了更多的敌人。

偶然间发现了对方的秘密，跟抓住了对方的弱点没什么两样，也可以说掌握了让对方屈服的武器。可这也是走向失败最大的诱惑。无法抵抗诱惑，把秘密泄露出去的时候，谁都不知道会挑起什么轩然大波。

俗话说："谦虚使人进步，骄傲使人落后。"干大事业或在社会上成功的人绝对不会向别人炫耀（当然了，我们身边也不乏因地位高而耀武扬威的人，这种人很难受到人们的尊重）。有些人乍看上去外表光鲜，傲气十足，但真正接触以后会发现他们很谦虚。他们之所以让别人看到这样的自己，是因为爬到现在的位置曾经经历过在人际关系中最坏的情况和变数。所以，他们知道在人际交往中很重要的一点是懂也装不懂。

前面我们已经提起过，知道对方的秘密就意味着比别人多了一样武器。但是，让这件武器发挥最大效用的方法是不让对方知道你已经看穿了他的秘密。如果对方知道自己的秘密被看穿了的话，就会远离你，也就不会跟你站在一边了。他会主动放弃关系的主导权，对你产生戒备心理。

如果这种状况持续下去，对方会对你产生一种抗拒感，你们的关系反倒会疏远。为了让你也感到畏惧，对方甚至有可能费尽心思让你陷入危机中，把你本该拿到的利益降到最低。所以，即使你知道了对方的秘密，也绝对不要露出马脚。适当地假装不知道，适当地假装谦虚，更有利于把对方变成自己人或掌握主导权。

32

要想控制氛围，就要统治声音

在美国的一场拍卖会上，正在拍卖 1938 年出版的漫画书《超人连环画》初版。留着大背头的西班牙绅士 B 和戴着礼帽的英国老绅士 T 正在进行最后紧张的角逐。画有表演英雄的漫画《超人连环画》初版的市场价值很高，所以，两个男人的竞争也没有停止的意思。

"190 万美元！"

听了主拍的提示，B 点了点头。

"200 万美元！还有吗？"

这次 T 点了点头。

拍卖价格达到了 200 万美元，拍卖场一片寂静。这可达到了拍卖预想价 100 万美元的两倍。主拍咽了口唾沫，刚想喊下一个拍卖价，台下突然传来一个威严的男声。

"216 万美元！"

216万美元实属高价，再加上男子的声音很威严，带着一副领导的风范，大家都震惊了。主拍在那一瞬间也有些慌张，继而赶紧平复了一下情绪大声喊：

"没有更高的了吗？……没有了吗？……好，成交！"

男子的脸上露出了自信满满的微笑。

拍卖结束后，B和T自然而然地成了一伙。两个人站在失败者的立场上有种同病相怜的痛苦感。

"那人到底是谁啊？你以前见过吗？"

"没见过，每次出版物的拍卖我都一次不落地参加，那个人我还是第一次见。这里的高价收藏家我几乎都认识，那种带有领袖风范的长相我还是第一次见。"

"我也这么觉得。听到他的声音，我也有些发蒙，然后就错失了下一次应标的机会。"

就在这时，中岛脸上带着讥讽的笑容，威风凛凛地经过他们身边。直到这时，B和T才察觉到拍卖家中岛雇了一名专业演员来帮他参加拍卖会。

出生于日本的中岛身材矮小，性格小心翼翼，是一个典型的"御宅"。就像大部分"御宅"一样，他比谁都疯狂地热爱漫画和收集卡通人物形象。可是，几乎每次拍卖他都会输给B和T，问题就在于中岛那矮小的身材、小心翼翼的性格，还有小得跟蚂蚁一样的声音。拍卖进行得火热时，他也会使劲浑身力气大喊"100万美元"，可是竞争者却会用比他更大、更有自信的声音果断回复，这时候中岛就泄气了，最终也就输掉了拍卖。

经过很多次失败，中岛发现拍卖比的不是钱，而是声音。在中岛看来，参加这种级别的拍卖会的人都不缺钱，所以叫出比合理价格高出两三倍甚至三四倍的价格也很正常。而且，他认为自己在钱的方面绝对不比别人差。即便如此，自己每次都空欢喜一场，这绝不是钱的问题，而是有没有自信的问题。

经过这样一分析，中岛雇了一名块头大、声音威严的男人。不出所料，局面被扭转了。面对新出现的威严和自信的声音，B 和 T 退缩了，1938 年出版的《超人连环画》最终被中岛带回了家。是能掌控局势的代理人的风采、威严的声音，还有他的领袖风范带来了成功。拍卖场上响起的神秘而有力量的声音是带来胜利的决定性因素。

威严的声音给人的第一印象是强烈的。当我们对对方的信息很了解时，对方威严的声音可能只不过是他的一个特征而已。但是，当对对方毫不了解时，对方威严的声音就会让我们觉得他是一个强大的对手，我们因此可能会主动选择退缩。大部分人面对威严的声音所做出的反应要比想象中更软弱，甚至连合适的应对方案都找不到。

但是，并不是说单纯的语音清晰、声音大就是有威严。要想有威严，说话者应该注意态度，并根据对方的反应调节声音的强弱。为了使语气和声音有威严，一定要具备以下四个要素。

第一，应该给对方喘息的机会。在对方还没准备好的情况下，通过语气或声音让对方感受到恐惧会增大他内心的压力。为此，从一开始就太强势的话，会让对方退缩，这种压抑感会造成沟通的中断，即对方不是怀着一种敬畏心或尊敬心去对待你那种极富领袖风范的声音，而是觉得那是一种威胁，最终也就不可能跟你沟通了。

在战争中，也需要给陷入困境的敌军一次投降的机会。如果连投降的机会都不给他们的话，敌军会背水一战，拼死一搏。在这种情况下，本来不用打就可能取胜，如今反倒加大了我军的损失。

给对方喘息的机会就相当于给了对方自我合理化的机会。如果对方最后觉得"算了，我看那人太狠，就凭我很难对付他"的话，以后你们的关系就很难再有什么进展了。相反，如果你给他喘息的机会，他反倒会觉得"那人虽然看上去很强势，可是这次让了我，看来下次可以挑战一下"。只有这样，你们之间的关系才能持续，对方也就有了让出自己主导权的理由。

第二，当对方表现得很有自信时，绝对不要低头。在心理学中，鼻子是领域的象征，低头的时候鼻子也会一起低下。大多数有权势的人和富人不低头的原因就在于此。他们是想展示自己的领域大，也是为了让别人知道自己还有进一步扩展领域的想法。

有些人觉得只要自己的力量比对方弱，或者只要自己不使小心眼儿就不会遭到什么损失，这种人很难真正抬起头。如果这种态度被对方察觉到的话，就算用再怎么有威严的语气和声音，效果也不会好，反倒会引起对方的怀疑。

语气有威严就像是在表示对自己说的话极有信心一样。表现自己极有自信的人会低头吗？当然不会，这是人最本能的反应。所以，在用有威严的语气说话时，绝对不要低头，要把视线固定在对方身上。如果你没法相信我说的话，那就请观察一下孩子们吧！说谎的孩子一般不会把视线固定在一个地方，而是眼神慌乱地到处看。因为他怕自己的谎言被拆穿，内心不安。这一点放在成人身上也是一样的。

第三，话语结束时不要含糊不清。不管用多么有威严的声音大声说话，如果话的末尾含糊不清的话，也就成了龙头蛇尾。不知道为什么，就算说的话是事实，可话的末尾含糊不清也会让人觉得是在说谎。结尾含糊不清就意味着缺乏自信，缺乏自信也就意味着想要隐藏某些东西或有某种弱点。人际关系中不只是你一个人，还包括对方。所以，为了不让对方的感觉跟你不同，你说话的时候应该充满自信，话语结束时要充满力量。

把话末尾的音调过分提高也会出现问题。在高中生或初中生中，末尾音调适当上挑的人大部分都是性格外向活泼的人，这类人很受朋友的欢迎。可是，在社会生活中不同，把末尾音挑得太高会让对方觉得"他虽然性格活泼，可要是把事情托付给他的话有点儿不靠谱"。为什么？抑扬顿挫的语气听一两次还觉得挺有魅力，也挺有意思，可要是经常听，就会让人觉得轻浮。当对方觉得你口气轻浮时，也就意味着在对方眼里你已经是个轻浮的人了。

最后一点，绝对不能激动。当想不起要说的话时，我们的声音通常会变大或说一些没用的废话，这反倒会让对方觉得这是你的弱点。当你用威严的声音和语气说话时，对方就不会被你镇住，反倒会迎面攻击，不会做出你预想中的反应。这时候千万不要慌，应该维持刚开始说话的态度。当想不起该说的话时，应该用欢快的表情和对方进行眼神的交流，暂时把话题转换到别的主题上去。当然了，这时候也还是要保持刚开始的声音和语气。

就像动物感觉到恐怖时会嗥叫一样，如果把人放在恐怖的环境里，人也会发出比平时更大的声音。所以，当你用很大的声音说话时，很容易引起对方的怀疑，觉察到你现在心理状态应该是不安的。如果受到怀疑，你想通过语气和声音表现威严的计划也就泡汤了。所以，不要大喊大叫，平静地一字一句地把自己的意见陈述完整是极为重要的。即使因为对方出人意料的反应或刺激，心里受伤或没法按照自己的意愿把对话持续下去，也绝对不要激动或冲动地迎面攻击对方。对方试图给你刺激也许正是对你威严语气的一种应对战略。

要想把初次见面的人变成自己人，应该用什么方法呢？把他带到最高档的餐厅吃一顿奢侈的晚餐再喝点酒？虽然根据当事人和被邀方的关系和双方见面目的的不同，结果也会有所不同，但对方一般都会因为你这种过于隆重的招待觉得有负担，两个人的关系也就不舒服了。把他带到夜总会兴奋地一边喝酒一边跳舞怎么样？也许你们会借着酒劲不顾形象地狂呼乱舞，关系也由此变得亲近。可是要想借酒劲让对方暂时丢掉警戒心，这并不能把他变成自己人。第二天早晨，当他睁开眼后，想起疯狂的前夜也许会后悔，觉得自己真不该喝得烂醉如泥，由此觉得还是不跟你混在一起好。

把初次见面的人变成自己人最常见的方法也是最有效的方法，并不是用隆重的饭局或强大的心理战术迷惑对方，而是用真心。

带对方去高档餐馆或夜总会请他喝酒，很容易让对方觉得你这是在跟他说这次你破费了，下次他应该答应你提出的某种要求，就像某种交易提案一样。跟交易沾上边的这种人际关系被称为"乌鸦群交往"，用四字成语来形容就是"乌合之众"。"乌合之众"出自中国春秋时期政治家、思想家管仲之口。从字面意思来看，它是讽刺看上去相亲相爱的一伙乌鸦在空中飞翔时，看到食物后就会为了抢夺食物互相撕咬、展开激战的模样；其引申义是就像朝一个方向飞去的乌鸦群看到食物就立即变成仇敌一样。乌合之众彼此之间没有信赖和尊重，他们这种为了取得个人利益建立起来的人际关系不会长久，短时间内就会破裂。

把某人变成自己人，并跟他真心建立人际关系需要投入一定的时间和精力。也就是说，如果不投入一定的时间和精力，对方就感觉不到你的真心。男女关系就是如此。如果想跟人生的另一半走完一生，就得在对方身上投入时间和精力，让对方看到你的真心。

这种"真心效应"，因为别人的期待或关心结果变好的现象，称为"皮格马利翁效应"（Pygmalion Effect）。如果一直对某人表现你的真心，对方觉察到你的心思后，会想报答你的真心和关心。即，想成为合你心意的人，跟你成为自己人。

电影《大佬斗和尚》很好地证明了这种真心效应。因为组织之间的争斗，浑身是血的一派黑社会成员误打误撞闯入了一个人迹罕至的深山寺庙，强迫僧人们同意把寺庙作为他们的临时根据地。气愤不已的年轻和尚想跟他们斗到底，可是寺庙的高僧却说只要他们好好遵守寺庙的规矩就可以，同意他们一伙人住进寺庙。随着时间的流逝，他们一伙人逐渐被僧人们的真心打动，悔悟自己以前在黑社会里的罪行，开始改过自新。

真心能开启对方的心扉，并成为得到对方真心的力量。得到对方的真心，也就意味着对方成了自己人，即最终关系的主导权倾斜到了你这一边。在商务关系中也是如此。如果你接触对方仅仅是为了商业目的，没有一点真心的话，你们之间的关系很有可能在短时间内结束，对方也就不可能跟你成为自己人了。

如果你不知道该如何对别人以诚相待，那不妨做做下面的练习。

第一，练习不追逐眼前看到的利益。就拿顾客和店主举例来说吧。生意好的时候，店主高高兴兴地接待顾客，生意不好的时候为了获利就坑顾客，那么这个店绝对没有常客。说不定顾客会慢慢离开，最终这家店也会关门大吉。

相反，如果不会因为销售额大喜大悲，一直坚守原则对待顾客的话，顾客感受到店主的真心后就会经常来，成为这家店的常客。不迷恋眼前的得失，带来的是长期的利润。像这样，即使当时遭受了某些损失，但长期用真心对待对方，对方会感受到你的真心，跟你成为自己人。

第二，不要做写在简明手册上面的那些礼节性行为。虽然是出于真心，但是这种行为被加上了礼节性的色彩，对方就很难感受到你的真心。我偶尔会碰到 些看上去像机器人一样的人。也许是因为从小就在受压制的教育方式下成长，也许是因为社会经验不足，这些人在跟别人说话时就像在念说明书一样生硬，特别有礼节性，只使用固定范围内的语言。由于这种不自然的语言和行为，他的真心很难真实地传达到对方那里。这就像每天都要折磨人的军队老兵问"你尊敬我吗"时，像机器一样回答"是，尊敬"的新兵一样，没人会从中感受到真心。要想让对方感受到你的真心，重要的是敞开心扉，自然而然地靠近对方。只有这样，对方才会自然而然地靠近你。

表情太丰富或行为表现太夸张也是不可以的。行为或表达方式太夸张也会成为问题。对方会认为你的行为是虚情假意，并怀疑你的真心。比起夸张的表达方式，平静地看着对方的眼睛传达真心更有效果。

在这里需要注意一点：如果对方是机会主义者，你的真心反倒会出现相反的效果。

我从朋友那里听过这样一个故事：20岁的俊贤正在找工作。某天，他收到复读时认识的在同一个学院上学的朋友的一条短信。那个朋友在印度上班，他在短信中说知道俊贤没找到工作一直很挂心，于是说服上级领导给俊贤谋求了一个职位，让俊贤去印度。公司的待遇很好，不仅年薪高，而且提供食宿。俊贤看到信息后高兴得恨不得跳起来，可心里隐隐觉得有些不安。自己的英语水平一般，而且没什么特别的技术，公司凭什么提供这么好的职位给自己呢？俊贤的心里有些不踏实。可是，他又转念一想，怀疑好朋友费尽心思给自己谋求的工作实属不妥，于是在对那个朋友表示了衷心的谢意之后，开始做出国准备。过了几周，俊贤去了印度。直到那时他才知道，那里不仅工作条件恶劣，而且事先约定好的年薪连一半都达不到。他曾一度极为信任的朋友把自己的职务推给了他，早就坐上去韩国的飞机杳无音信了。那个朋友为了逃避自己的危机，把俊贤拉下了水。

我们周围也有很多这种机会主义者，在跟对方牵扯到主导权的时候，我们都会苦恼到底该如何应对。要用真心相待的话，会被对方利用。他们十有八九只会想到自己的利益，无视别人的人格和感情以及他人的评价等因素，丢弃自己的承诺和诚信。所以，在这种情况下，不如干脆"丁是丁，卯是卯"，事先切断对方的机会主义心思。

一般情况下，只要留心这种机会主义者，你就不会因为真心被利用受到伤害。当你用真心对待对方时，对方也会向你敞开心扉，成为你的朋友，站在你这一边。因为跟你是自己人了，所以他还会把主导权让给你。这时候对方的主导权不是被你夺走了，而是因为你用真心对待他，赢得了他的信任，他情愿把主导权让给你。此外，因为真心建立的关系不追逐眼前的利益，所以保质期很长，你们之间的关系可以长久维持，对方也会长久地站在你这一边。只有这种关系才可以称得上是最棒的互相谦让主导权的关系。

34
小感情累积下去也会坚如磐石

有许多相处了很久的恋人因为彼此太熟悉，没了心动，也不会分泌胺多酚，只凭原来的感情基础维持关系。虽然他们有时候会寻找刺激宣布分手，可是因为深厚的感情基础，也很难真的分手成功。

"我们这次真的分手吧！"

"好，咱们之间的关系就像泡在汤里的锅巴一样，不痛不痒相处好久了。就到此为止吧！"

如此分手的男女开始寻找新的恋人体验刺激感。可是朋友介绍的相亲场所，却留着跟昔日恋人的回忆。相亲对象说着有趣的笑话，可总觉得哪儿不合适，一点儿意思都没有。本来自己是素食主义者，对方却建议去吃肉，真让人觉得别扭。

"这个人为什么不问我的意见就自己做决定呢？以前他从来不会这样……"

半个月后，下班准备回家的女人看到了在公司大楼前踱来踱去的男人。于是她问他有什么事儿，男人说：

"就是……不知道怎么就来这儿了。"

最终久别重逢的恋人这次还是没能分手。比起喷射而出的碳酸饮料，汤里的锅巴对身体更好而且味道更浓。男人和女人高兴地聊着过去的这半个月发生的种种事情。

不仅恋人如此，朋友之间、老师和学生之间、交易伙伴之间也经常会因为原来的感情基础维持关系。感情基础并不跟时间成正比。有些人会在短时间内建立深厚的感情，也有的人经过很长一段时间后还是觉得对方像外人。后者没有进行心灵和情感的交流，所以总觉得对方可有可无。为了不成为对方那个可有可无的人，需要知道几个积累感情的心理战术。

第一，互相用亲昵的称呼。也许你也有小时候跟好朋友互相起外号的记忆。神奇的是，过了那么久，即使朋友的名字模糊了，那个外号却还记得很清楚。如果对方是你的长辈或者是一个不能随便起外号的人，那就让对方喊你的外号吧。比如，你是金科长，对于别人来说你只不过是无数金科长中的一个。可是如果你有一个只属于自己的外号，别人就会把你跟其他的金科长区分开，把你当成一个特别的存在记在脑子里，这就便于他们在提起你的时候不用费劲地从其他"金科长"中寻找了。同时，对方叫你外号时产生的愉悦感会使他见你时的心情变好。此外，如果那个外号变成一种喜欢挂在嘴边的话，对方还会对你产生一种特别强烈的亲密感。

在这里要提醒你的是，不要起否定意义的外号，应该起肯定意义的外号。我给大家讲一个真实的故事。奎贤跟大学前辈的关系很铁，经常参加前辈举行的各种聚会。前辈们从大学时候开始就给自信感十足、威风凛凛的奎贤起了个外号"痞子"。奎贤刚开始没怎么注重这个外号，时间久了就慢慢像外号一样变得没礼貌、行为张狂了。因为本来他跟前辈们的关系就很亲，所以前辈们也没觉得什么，可是原本跟奎贤关系很亲近的前辈和朋友看到奎贤变得越来越没礼貌，都开始与他保持距离。用积极意义的外号吧！积极意义的外号会给当事人带来好的刺激，对你跟对方的关系也有肯定的影响。

第二，经常使用诸如"我也那样""我也这么认为"之类的赞同语。几乎没有人会把赞成自己意见的人当成敌人。对方会觉得你对他有好感，同时也会自然而然地对你产生好感。

做外贸生意的张先生虽然因为生意上的事经常去中国出差，可是却一点儿汉语都不会。虽然他英语很棒，可是中国的合作伙伴不会英语，所以根本就没法用英语交流。张先生在苦恼一番之后，决定对所有的话都用一个汉字"好"来回答。在商务会谈中虽然会借助翻译来沟通，可是签约成功后翻译不在时，为了表示自己的友好，他也决定用"好"这个字。

即使他听不懂对方笑着说的某些话，也能大致推测那句话是友好的。所以，他觉得只要说一个字"好"就不会出什么问题。"好"这个字带有赞同和肯定的双重音调，通用于所有的对话。

后来，他的事业进展得很顺利，时间久了，张先生慢慢会说汉语了。有一天，他跟某个初次签约的中国贸易伙伴吃饭的时候，对方想起了以前的事情，说：

"那时候不管别人说什么，你总是会说'好'，我特别喜欢你的这种风格，所以才决定跟你合作。"

最终，"好"这一个字让他给中国贸易商留下了好印象。

第三，用"我们"这种表达方式给对方一种暗示效果。如果你是和对方初次相见，也许你会犹豫到底应该如何称呼对方，即使脑子里想出了某个称呼也很难叫出口。这时候就试着用"我们"这一称呼吧。理由很简单。众所周知，在人际关系中，当彼此之间有"我们"的感觉时，亲密度会急剧上升。所以，即使你跟对方是初次见或关系有点尴尬，试着用"我们"这个词语，会让对方有一种跟你在一起的暗示，自然而然地觉得好像你们之间的关系真的很亲密一样。当然，这还有利于你们积累感情。

此外，即使意思都是"我们"，可如果表达方式稍微有所变化也会使亲密度更高。假设两个人一起玩100的多米诺。"真是太厉害了，对不对？我们竟然做到了！"和"真是太厉害了，对不对？你和我竟然做到了！"这两种表达方式虽然是同一个意思，可是给人的感觉完全不同。虽然"我们"的意思完全相同，可是后者所说的"你和我"，会让人觉得彼此之间的关系很特别，两个人之间的亲密度就更高了。

第四，适当使用肢体接触。所谓适当，是指有机会时自然而然地跟对方进行肢体接触，而不是强迫对方。如果强迫对方进行肢体接触的话，对方会拒绝。如果两人关系一般，那么自然的肢体接触就是指握手或拍拍对方的肩膀等。如果是往男女朋友关系方向发展，可以在合适的情况下搂一下对方的肩膀或者笑的时候轻轻地碰一下对方。

肢体接触作为人际关系中引起感情变化的重要因素，在恋人或夫妇这种异性关系中的作用尤为重要。男性一般都觉得定期跟女性发生性关系，女性就会觉得满足，其实这种想法是错误的。有研究结果证明，即使不发生性关系，充满爱意地抚摸或拥抱也会让女性觉得很满足。给对方一个温暖的拥抱，这是用金钱买不到的价值连城的礼物。同性之间也是如此。男人之间友好的拥抱、搂一下肩膀、握手等都能使彼此之间传达同感或认定、激励等感情。

在只追求实际利益的商业关系中，感情基础也是必要的。永灿曾在一家大型企业宣传组工作了 10 年，后来凭一腔热情开了家广告公司，还跟在公司工作时认识的客户建立了合作关系。可是，因为他是第一次做生意，在很多方面经验不足，导致了很多意想不到的失误。雪上加霜的是，他的家人被卷进一场担保纠纷，他不得不承受资金的压力。即便如此，跟他建立合作关系的客户社长也没跟他断绝关系，全是因为以前积累的感情基础。即使永灿欠了很多债，客户社长也还一直相信他，没有中止合作。最终，永灿克服困难，事业步入了正轨。

俗话说："人非木石。"这句话的意思是说人跟石头不一样，人是有感情的动物，而且在感情方面很敏感。在商务关系中，感情尤其是以前的感情基础作用是很大的。就像上面提及的永灿的事例一样，即使当时局势对他很不利，可对方也没跟他断绝关系，这是因为有以前的感情基础。所以，让对方对你产生感情吧！那么，在你处境困难的时候对方也会支持你，一直站在你身边。

35

不是背叛人，而是背叛沟通

"我好像得转学。我爸爸说他被朋友骗了，现在家里处境很困难。"

小时候听好朋友这么说的时候，我还不能理解这句话是什么含义。那时候我还小，只是不懂："大人们被朋友骗了就得搬家吗？"根本就不明白其中的道理。直到长大后，才明白"被骗"这个词的意思。我还明白了如果被别人骗了的话，就得搬到小房子里住，还得交罚金，说不定还得进管教所。

最近出于无奈开始创业的人急剧增长，还有很多人即使不想创业，可是当被公司炒鱿鱼后，也不得不加入创业的队伍中来。就像小时候我朋友的爸爸被骗一样，创业的世界里充满阴谋诡计和背叛。

创业主要有两大困难：第一，是否有一种适合创业的独家技术；第二，资金。即使有独家技术，没有资金，什么都干不成。所以，很多人都会为筹集资金四处奔波。

就算下定了决心，创业也绝不像说的那么简单。尤其是当创业资金不足时，问题就更难解决了。每天都得写好几十份投资招商事业计划书，从熟人开始着手，甚至包括那些经人介绍的远得不能再远的人，都得一一见他们，并向他们介绍自己的计划书。就这么过上几个月，你甚至会觉得见面的每个人都是投资者。到了这种程度后，你还会想着全身心地忠诚于你的投资者，可是你真的能做到这一点吗？

　　历经艰难曲折，真的有人愿意把钱借给你了，你高兴得连蹦带跳。可是，事业才刚刚开始，后面还隐藏着无数想象不到的问题。因为越是难找到的投资者，你跟他之间就越有可能存在阶级关系。随着事业的发展，投资者的地位会越来越高，当事业出现问题时，你就得承受严重的压力。

　　"谁有钱谁就是老大。在这种资本主义社会规则下，我还能怎么样？""要是再伤我的心，大不了我不用你的资金还不行吗？"虽然各种想法在脑海中翻来覆去地转，可是最终你还得事事听投资者的意见，投资者依旧是主人。如此发展下去，在你和投资者的关系中，即使是很小的事情，你也会做出敏感的反应。你整天辛苦努力工作，可好处却全都被投资者捞走了，这就跟没收到起初期待的效益一样。最终，留给自己的只有被公开的技术和项目以及疲惫的身体，所有的利益都被投资者拿走了，你自然会觉得很无奈。你是不是觉得我好像在讲一个跟你毫无关系的故事？可我想说的是，当某天不管你想用什么方式开始创业，创业资金不足时，肯定会遇到这种事。

　　可如果投资者从一开始就密谋了一个背叛你的计划"如果事业进展顺利，所有的钱都应该归我"的话怎么办？创业过程中不免会遇到这种情况，可是大部分情况不是这样的。因为遇到一个拥有值得投资的项目的人并非易事。那么，到底是哪儿错了？

投资者刚开始也许会把给自己投资机会的人当成自己的伙伴。可是时间久了，在事业进展顺利的状况下，如果创业者一直尊奉投资者的话，情况会怎么样呢？那时候投资者很有可能这么想：

"这种创业项目是每个人都能想的吗？要是当初没有资金做支撑，创业根本就只是一个构想。"

"他到底为这项事业做过什么？"

当投资者产生这种想法的时候，下一步就会理所当然地考虑从创业者那里获取更多的利益。那么，要想避免这种状况，应该怎么做呢？有必要记住下面我说的四点。

第一，要彻底掌握投资者的情况。包括他喜欢什么品牌的香烟和酒，他的出生地在哪儿，家庭成员有哪些，毕业于哪所学校，性格以及现在的经济状况如何，等等，这些信息都要了解。只有这样，你在应对他时才能泰然自若。即使刚开始投资者没有背叛你的意思，但如果投资者家里出了什么问题或者经济状况突然恶化的话，他有可能不得不选择背叛你。如果你不想因为这种选择遭遇背叛的话，就得提前了解投资者所处的状况，并持续掌握他的情况。除此之外，最好掌握投资者的行为模式。如果他平时穿着干净体面或者保持着节约的习惯，那么当你跟他见面的时候最好跟他的打扮相似，行为也要相仿。因为人都喜欢跟自己差不多的人交往，对与自己的行为方式完全相同的人，会产生一种认同感，自然对你会比对别人更有好感。

第二，不要丢掉自信。如果只是低着头说"Yes"，反倒更有可能让对方中断投资。正如专有技术和某个项目只有引人瞩目才会被投资一样，人也是如此，人也得看上去有价值才行。除了端庄的外貌，还要表现出言语清晰、有条理，行为正派，以及自信，只有同时具备这些因素，投资者才不会看扁你。最重要的是在做事时，对于自己认为正确的事情千万不能轻易改变主张，应该让投资者看到你的自信。出现失误时也绝不要逃避责任，更不要隐瞒错误。只有这样，投资者才会认为你是一个有责任心、值得信赖的人，才会放心投资给你。

还有一点很重要，那就是一直保持自信满满的姿态。只有这样投资者才会承认你的价值。即使在某一瞬间你出现了某种失误，如果让投资者看到了你没有自信的样子，那很有可能会在主导权争夺中遭到排挤，最后被抛弃。即使事业发展得很顺利，投资者也会先发制人。当投资者对事业的进展表示不满或要撤回所投资金的时候，不要退缩，要表现得更有自信才行。比起性格懦弱的人，投资者更愿意把钱投资给有能力的人。所以，即使事业进展得不顺利，也应该让投资者看到你仍然很有能力的样子。

第三，要努力让投资者爱上你的事业。创业者一般都特别热爱自己的项目和技术，可不会像创业者一样热爱他所投资的项目和技术。在他眼里，它们只不过是赚钱的工具而已。所以，投资结束后，如果你跟投资者之间只是投资与被投资的关系的话，是很难维持这份合作的。只有当投资者了解了创业者的项目和技术，并进一步地爱上它的时候，他才能更积极地继续投资。

人对一件事物的爱是建立在了解的基础之上的。影片《荒岛余生》中，在一座无人岛上，汤姆·汉克斯所饰演的主人公给一个被海浪吹来的排球起了个名字"威尔逊"，并和它成了朋友。他和威尔逊一起分享快乐，一起分担忧愁，畅谈过去和未来，就这么过了四年。四年后在他逃离孤岛的途中，威尔逊在大海中丢失了。汤姆·汉克斯伤心地痛哭流涕。他甚至不顾生命危险，想去找回威尔逊。威尔逊只不过是一个撒了气的球而已，既不是有感情的人，也不是活生生的小动物，可即便如此，汤姆·汉克斯为什么对它有这么深的感情呢？就是因为在他被困在无人岛的四年间，威尔逊是跟自己对话最多的对象，所以他觉得威尔逊最了解自己的心思。投资者也一样。他越了解创业者的工作、行为、感情、技术，对创业者的那份爱就越大。

第四，要做好随时被投资者处置掉事业的准备。很多风险企业家起初按照自己的想法在成功的大道上飞奔，最终却以失败告终，下场极其悲惨。1998 年，IT（信息科技）风险创业热潮出现，霎时间冒出许多 IT 企业，虽然科斯达克电子股票交易市场股价大幅上升，但最终存活下来的企业屈指可数。企业也有兴亡盛衰。所以，当事业发展到达最顶端时，选择处置企业是一个很明智的选择和卓越的商业洞见。该退出的时候果断退出也很重要。

大多数创业者因为把事业看得比生命还重要，爱事业跟爱自己的孩子一样，所以很难退出。但是，不管多么顺利的事业，如果到达了某一个点，就会走下坡路。下坡路可能会在三年后出现，也可能会在五年后、十年后出现。当投资者得出结论，事业进入下坡期时，无论何时他们都会无情地撤走。这不代表他们恶毒，而是投资本身的属性使然。

俗话说"恨就恨这个世界上的罪恶，不要恨人"，没有人刚生下来就是恶人。干事业也是如此。没有人刚开始就是为了背叛而创业或投资，是变化的状况逼得人不得不那么做，即情况变了，人与人之间的利害关系也变了，刚开始创业时的那种纯粹消失后，创业者或投资者开始寻求别的出路。所以，要想不被背叛，与其找不会背叛你的人，不如提前掌握好创业者或投资者的情况和取向，一直观察他们的变化，在问题出现之前找出应对的措施。

到现在为止，谈论的创业和投资的过程适用于所有的人际关系。当和对方闹僵或遭到背叛的时候，人们总是会抨击对方。如果对方不是有意骗你的话，你们之间关系的毁坏或背叛就不是对方单方面的错误，双方都有错。只不过因为某一方受害更大，所以受害大的一方觉得自己被背叛了。如果你曾被关系亲密的人背叛过，比起对方计划周密故意骗你，你们之间很长时间没有好好沟通的可能性反倒更大些。

36

保护好别人的弱点，自己也会从中受益

相处了很久的家人或朋友即使彼此之间没发生过什么特别的事情，可还是会因为过去长时间相处形成的亲密关系，觉得对方"理所当然跟自己是一伙的"。可是，在社会生活中遇到的人很难成为自己人，除了跟自己处境相同的同事或者维持了很久合作关系的客户。即使能成为自己人，也很难像家人或老朋友那样跟自己掏心掏肺。因为社会是以利益为中心的大群体，大家都以是否符合自己的利益为根据来判断对方到底是不是自己人。

即使暂时觉得对方是自己人，那也只不过是一种感觉，并不是说对方真的就是自己人了。只有经过长时间的感情交流，维持一段时间的关系之后，对方才会在某些限定的情况下成为自己人。

在社会生活中，业务能力必不可少，把对方变成自己人同样必不可少，而且相当重要。只有把上司、同事、客户变成自己人，才能掌握主导权，更高效率地完成工作，大大提高工作业绩。那应该怎么做才能把对方变成自己人呢？首先应该进入对方的自我保护网，让自己和他建立关系。

进入对方的自我保护网有很多种方式。你可以面带微笑、风度翩翩地接近他以获取他的好感，也可以在有意了解了他的兴趣之后和他拥有同一种兴趣。下面，我们一起看一下如何利用对方的弱点进入对方的自我保护网。

利用对方的弱点并不是指像强盗一样抓住对方的弱点不放，强迫对方成为自己人。那么，利用弱点究竟是指什么呢？下面，让我们通过一则实例具体了解一下吧。

几年前，有两部电视剧 A 和 B 很受大家欢迎。电视剧 A 的主人公东哲的成长过程极其艰难，他从小就遭遇了很多挫折，不得不依靠拳头和所谓的义气生存。电视剧 B 的主人公哲洙也是历经磨难最终获得成功。在这一点上，东哲和哲洙的情况相似。虽然乍看上去两个人的故事极其相似，但仔细分析会发现，他们成功的方式存在些许差异。

东哲利用拳头，即用力气挫败了最大的敌人朴会长，在这个过程中，他收留了几个想害自己的朴会长的手下，把他们变成了自己人。比如，了解到被朴会长抓住把柄不得不成了帮凶的 C 的弱点，成功地把 C 变成了自己人。后来，当东哲和朴会长展开角逐的时候，C 已经不是朴会长的人了，而成了 A 派人，托他的福 A 胜券在握。

电视剧 B 的主人公哲洙身边也有一个敌人金会长。战胜困难、蓄势待发的哲洙把对金会长有怨恨的人，即和自己一样想找金会长报仇或比自己力量弱小的人联合起来，把他们都变成自己人。后来，哲洙一一找到了金会长作风不正的证据和把柄，借此对对手进行集中攻击，最终将其打倒。

比起电视剧 B 中的哲洙，我对电视剧 A 中的东哲更有好感，从东哲身上我发现了"把在社会生活中认识的人变成自己人"的技术。这里所谓的技术，并不是指利用对方的弱点，而是保护对方的弱点。

虽然 C 是自己的敌人，可是东哲知道他是因为被抓到了弱点才不得不跟自己作对的时候，反倒选择保护他的弱点，把 C 变成了自己人。即在东哲看来，对方是自己的敌人并不是最重要的，对方为什么变成自己的敌人更重要。

我们在社会生活中也会遇到许许多多的误会。俗话说"只有经历过才会懂得"，我们遇到的那些误会很多时候是因为对方没能经历过。在组织生活中，经常会分帮分派。比如，分成郑理事一派和朴理事一派。可是，仔细观察你会发现，很多人加入某一派并非出于自愿。他们或许是为了保住工作，或许是为了赚更多的钱养活家人才不得不那么做。如果你在酒桌上跟对方帮派的人一起真诚地聊聊天，你也许会发现他们有着相同的矛盾和苦闷，经历着相同的痛苦，正是因为这样你和对方帮派的人才成了朋友。所以，如果你跟对方帮派的人形成了一种敌对关系，但其实你对对方的情况并不怎么了解的话，可以重新了解一下。如果他并非自愿加入对方帮派，那么他就不是你的敌人，而是你的友人。

即使对方不是敌人，对方弱点的暴露也会给你们之间建立友好关系带来机会。程宇和俊贤分别在 C、D 制药公司工作，两家公司分别面向医院和药店营业。有一天，两个人打了个赌：如果其中一个人跟 E 医院内科专家崔医生签约成功，另一个人就得请客吃饭。请客吃饭是小事儿，重要的是只有把 E 医院变成自己的客户才能得到公司的认可。

崔医生是 E 医院院长的长子。所以，如果能把他变成自己的客户，也就意味着获得了 E 医院所有药物供应的垄断权。可是崔医生顽固保守、沉默寡言，对于两个人的穷追不舍，他可谓纹丝不动。别说跟他聊天了，就连接近他都很难，两个人一时茫然无策。突然有一天，他们了解到崔医生经常去普通人不常去的桑拿房。虽然桑拿浴很贵，可是两人还是为了拿下这笔大单，故意挑崔医生去桑拿房的时间假装偶然相遇，在桑拿房等着他。没想到在那里，他们发现了崔医生的一个很大的秘密：他竟然是个秃子。面对他俩，崔医生惊慌失措，连招呼都没打就急匆匆地离开了。

第二天，俊贤迅速来到医院，故意问崔医生昨天在桑拿房为什么那么着急地离开。

"我希望你能把在桑拿房看到的那个……那个装作没看见。"

崔医生看上去心里很不安，拜托俊贤保守秘密，俊贤于是接话说：

"到您这个年龄戴假发也没什么丢人的。我会保守秘密不告诉别人的，您放心好了。话说回来，那个……我为您严守秘密，作为回报，我想问一下您平时怎么看待我们公司的产品呢？"

接着，俊贤详细地介绍了自己公司的产品，崔医生静静地听着，一边点头一边说一周后跟他签约。从医院走出来，俊贤觉得像是要飞起来一样高兴。签约成功就意味着打赌赢了，还能免费喝酒吃饭，哪有比这更好的事儿？

可是一周后真正免费吃饭喝酒的却是程宇。刚开始在桑拿房看到崔医生戴假发的时候，程宇禁不住歪了歪脑袋。因为他觉得以崔医生的年纪戴假发也没什么可丢人的，可他为什么会如此惊慌失措呢？程宇想不明白，于是几天后他找了医院的一个资深老护士详细打听了崔医生的各种情况，偶然间知道了一件有趣的事。崔医生年轻的时候就很成功，对每件事都有着极强的自豪感，对外貌也不怎么关心，那时候的他对自己的秃头也不怎么介意。可是最近他有了心上人，突然开始特别在乎自己的外貌，还戴上了假发。

程宇了解到这件事后，决定用自己的方式打动崔医生。他预约了两张最近很受欢迎的音乐剧的贵宾入场券，连同一束花，一起送给了崔医生。他说：

"医生，我偶然听说您遇到了一份好姻缘，为了表示祝贺，我特意买来了花。去看这个音乐剧的时候，您可以试试波浪卷哦。"

就这样，程宇没有直接提假发的事，而是用帮助崔医生的方式间接表达了自己的意思，从而打动了对方。最终，崔医生被程宇的关心打动，不仅选择了跟程宇签约，而且后来两人还维持了长久的关系。若像俊贤那样，想要抓住对方的弱点把对方变成自己人的话，反倒会导致彼此关系建立的失败。而且这种失败不是暂时的，估计以后永远也不会建立关系了。要想合理利用对方的弱点，就得像程宇一样，不应把眼光放在弱点本身，而是应该了解弱点背后的故事，此外还要了解本人对弱点持有的想法和态度。

任何人都有弱点。每个人最少会有一两种弱点。比起优点，人们更在乎弱点。这就跟与收益相比，我们对损害的敏感度更强一样。优点不用刻意表现也会自然而然地流露出来，可是弱点就算想隐藏也很难隐藏好。即使是一个很小的弱点，被不小心碰触到的话，对方也很容易大发雷霆。

在这种现实情况下，我们就应该更慎重地去对待对方的弱点。虽然对方暴露的弱点正是我们可以轻易攻下他的要素，但是如果带着这种心思去接近他，彼此之间的关系就容易断掉，我们的处境也会变得很狼狈。把人际关系看得长远些，你会发现对方的弱点不是我们现在要立刻攻破的要素，而是需要我们去保护的对象。

37

控制支配欲

人沉迷于赌博最大的原因，是在赌博中能感受到现实生活中感受不到的支配欲。在现实生活中需要依靠才能、权力、地位、人脉等因素取得主导权，可是在赌博中，只要手里有好牌就是王。那一瞬间的优越感是一种极强的支配欲，可以跟君临天下支配大臣的心情相媲美。越是在现实世界中没有权力的人，越容易沉迷于赌博。从这一点也能看出支配欲是人的一种本能欲求。

一般情况下，韩国男子接触赌博有一个固定的顺序。最先接触的是花图，然后是台球和对牌。打台球打腻了，就跟打台球的伙伴们一起移到赌桌上玩对牌。玩完对牌之后是赛马，这时候一般都是周中玩对牌，周末去赛马场、玩击球。最后，听赌赢了的朋友的话，把钱投资在股票上。

人们总觉得在所有的赌博中，只要了解了规则，就能精通这一游戏。学习艺术或技术的时候，需要从理论和操作能力开始系统学习基本常识和学科历史，并亲身实践。可是，赌博却被人们认为是只依存于本能的东西。赌博甚至是丢掉所有财产，人生被毁的风险游戏。

在这一点上，赌博跟人际关系相似。人们认为只要知道几个规则就做好了维持人际关系的一切准备。即错误地认为只要知道了人际关系中必需的表达方式和几种行为规范，就能跟任何人建立健康的人际关系。人际关系跟赌博一样，如果因为做出了错误的判断出现了失误，人生就不会顺利。所以，我们应该慎重地对待人际关系，需要"把对方变成自己人"的有体系的学问和体验。其中，首先需要学习的就是不被支配欲控制，跟对方和谐相处。

常挑起战争的将帅很有可能是中毒于战争之中了。成功压制对方的优越感满足了他们的支配欲，只要这种支配欲得不到满足，他们就会继续挑起战争。遭到攻击的对方一般都会誓死抵抗或者抛弃一切而投降。对方实力越强，投降的可能性越大。问题还在后面。他们并不是真投降，而是假装投降，趁敌军放松警惕的时候发起攻击。不管多么厉害的名将，也没办法完美地分辨出以后有可能图谋反叛的人是谁。所以，好好观察投降的将领，获取他们的人心很重要。但是，如果被支配欲控制，就无法看清周围的状况，最终很有可能是养虎为患。

明朝杰出的政治家、军事家刘基曾说："即使在战争中取得了胜利，也不能骄傲或者沉迷于胜利。直到战争结束的那一刻，我们一直都被敌军包围着。"若把刘基的这句话代入人际关系中，可以说成是"不管站在我这一边的人有多少，也绝不能松懈，应该用仁义好好对待每一个人"。可是，大多数人习惯于过高地评价自己的人际关系，仗着自己周边人多就觉得不管走到哪儿，自己都是万人瞩目的中心，并坚持认为所有的关系自己都能支配。在跟陌生人建立新的人际关系时，这种错觉就会导致决定性的失误，即在与对方相处时，不追求跟对方的和谐相处，只是单方面地按照自己的意愿行事，觉得自己是关系的重心，可以支配和对方的关系。这种想法和行为只会把本可以成为自己人的对方推开。

有一个因陷入优越感产生错觉、想要支配对方而导致失败的事例。在某地方自治团体的支援下，某管弦乐团建成了，但因为支援资金不足，乐团请不起高水平的演奏家。演奏团体的实力不强，管弦乐团指挥家指挥的时候也变得有气无力。经过一番深思熟虑，乐团想出了一个解决办法。那就是先编一些强调小号的乐曲，聘请一位有实力的小号演奏家，以较低的费用弥补管弦乐团的实力。

经过一番询问，乐团最终跟某地方大学一所音乐学院的教授取得了联系。刚开始，教授知道他们让自己跟一群业余爱好者演奏的时候很生气。可是面对乐团提供的费用他又转变了心思。与指导学生赚的辅导费相比，这笔费用还是很可观的，于是最终接受了指挥家的提议。

但是，因为酬劳较低，教授根本就看不起乐团的成员，觉得他们都是一些水平低下的业余爱好者。如果指挥家想要指挥排练，教授就会讽刺说："你这是想让我按你这种不专业的指挥做？"甚至还非要按照自己的意愿指挥乐团。最后，忍无可忍的指挥家郑重地跟教授说不能那样做，可教授却无所谓地回答："我已经很专业了，没必要非得跟你们一起练习。"那口气就像一个目中无人的大王一样。

看到教授的反应，指挥家醒悟到自己当初的判断是错误的，于是向教授表示很难再在一起合作了。教授已经拿到演出费，心想中止合作对自己也不会有什么损失，于是嘲讽地给队员们加油后就毫不留恋地离开了。接下来的那一年，管弦乐团在指挥家的指挥下拼尽全力认真练习，最终在很有权威的音乐杂志上被选为"星锐管弦乐团"，上面还刊载了队员们感人的故事。看到这一消息，教授后悔极了，又给指挥家打电话说想加入乐团好好努力，但遭到了拒绝。因为所有的成员都觉得他完全不是自己人。

把对方变成自己人，跟地位、权力、财产的多少没什么关系。用《三国志》中的刘备和曹操来打比方，就能更浅显地懂得这个道理。重视仁义的刘备跟张飞、关羽、诸葛亮和赵云等人站在同等位置上，把他们变成了自己人，扩充了实力。与之相反，曹操先向别人展示了自己强大的力量，然后凭借支配力，把陈宫、张郃、夏侯惇、许褚、曹仁等人变成了自己人。可是问题在于，曹操这种支配人的方式，容易造成当自己的支配力弱化的时候，将帅们背叛自己加入敌军队伍的不利后果。不仅如此，坚守信仰的人从刚开始就不会跟曹操一派。智谋家陈宫曾救过曹操一命，并自愿做他的谋士。当他看到曹操为了强烈的支配欲把原本无罪的叔父杀了之后，他便立即离开了曹操。虽然后来曹操曾再次请求他做自己的谋士，他拒绝后选择了自杀。

陷入支配欲不能自拔的人，意识不到自身存在的问题。即使自己因支配欲太强遭到了别人的背叛，也只是会觉得那是每个人都会经历的事情，只不过是自己运气不好，或者对方为人奇怪，而不觉得这是人际关系的失败。所以，在遭遇严重的失败导致人生留下重大污点之前，他们没有意识到这个问题。虽然俗语说"失败是成功之母"，可失败也分千万种。陷入支配欲不能自拔，甚至为了爬到更高的位置不择手段踩着别人的肩膀，认识不到自己的错误而导致失败时，谁都不会原谅你。如果这种失败一直反复，最终会造成人生不可挽回的失败。

在现代社会中，没有人能只靠自己的力量活下去。社会是以人和人之间的关系为基础组成的，人与人之间互相协作，社会才能不断向前发展。所以，有能力的人就产生了贪念，为了填补这一贪念，不断上演着欺骗和被骗的故事，在此过程中，人的支配欲也越来越强烈。事实上，在人际关系中能获取最大利益的人并不是支配对方的人，而是那些能主导支配欲的人。虽然我们很难丢弃欲望，可是也要学会用一颗仁义之心对待别人。只有这样，对方才会被你征服，始终站在你这一边，与你为伍。